똑똑. 나 이제 결혼해도 될까요?

똑똑,
나 이제 결혼해도 될까요?

ⓒ 임동환, 2019

초판 1쇄 발행 2019년 9월 27일
　　2쇄 발행 2020년 3월 6일

지은이　　임동환
펴낸이　　이기봉
편집　　　좋은땅 편집팀
펴낸곳　　도서출판 좋은땅
주소　　　서울 마포구 성지길 25 보광빌딩 2층
전화　　　02)374-8616~7
팩스　　　02)374-8614
이메일　　gworldbook@naver.com
홈페이지　www.g-world.co.kr

ISBN　979-11-6435-640-9 (03180)

이 도서의 국립중앙도서관 출판예정도서목록(CIP)은 서지정보유통지원시스템 홈페이지(http://seoji.nl.go.kr)와 국가자료공동목록시스템
(http://www.nl.go.kr/kolisnet)에서 이용하실 수 있습니다. (CIP제어번호 : CIP2019035144)

똑똑,
나 이제
결혼해도
될까요?

행복한 결혼생활을 위해

이것만은 알고 결혼하자

임동환 지음

카카오 브런치의 독자 56만 명이 읽은
임동환 박사의 결혼코칭!

좋은땅

나는 결혼하기 전에 누군가 내게 "결혼이란 이런 것이니까, 이렇게 준비하고 결혼을 해야 한다."라는 말을 해 준 사람이 없었다. 그래서 나는 아무런 준비가 되어 있지 않은 상태에서 결혼을 했다. 나는 결혼만 하면 자동적으로 행복한 부부가 되고, 부부간의 갈등은 다른 사람들의 이야기인 줄 알았다. 그러나 그것은 나의 대단한 착각이었다. 나의 결혼 생활을 뒤돌아볼 때, 남성과 여성의 차이에서 오는 갈등, 기질의 다양성에서 오는 갈등, 상한 마음에서 오는 갈등 등의 시행착오를 경험하면서 33년간의 결혼 생활을 해 왔다.

지금 결혼을 생각하고 있는 사람들과 이미 결혼을 한 부부들이 나와 같은 시행착오를 줄일 수 있도록 결혼이란 무엇이며 어떻게 해야 행복한 결혼 생활을 할 수 있을 것인가를 생각하며 카카오 브런치에 결혼과 부부, 자녀 양육에 대한 글을 쓰기 시작했다. 나는 세 종류의 독자를 염두에 두고 글을 썼다.

첫째는, 결혼을 앞둔 나의 자녀들과 나의 자녀들과 같은 청소년들과 청년들이다. 그들이 나처럼 준비되지 않은 상태에서 결혼 생활을 하게 할 수는 없다는 생각에서 원고를 쓰기 시작했다. 이 글을 읽고 나의 자녀들과 청소년들과 청년들이 결혼이 무엇인지 진지하게 생각해 보는 계기가 되고, 행복한 결혼 생활을 위해서 지금부터 어떻게 준비해야 하는지를 생각하는 계기가 되었으면 좋겠다.

둘째는, 나에게 결혼 주례를 부탁하러 오는 신랑 신부들을 위해서였다. 신랑 신부들에게 짧은 주례 시간에 내가 하려는 이야기를 모두 해 줄 수는 없다. 그래서 그들에게 두고 읽을 수 있는 책을 제공하여 그들이 행복한 결혼 생활을 했으면 좋겠다는 생각에서 원고를 쓰기 시작했다. 카카오 브런치에 글을 쓰면서 놀랐던 것은 결혼과 부부에 대한 글을 쓰면 많은 사람들의 나의 글을 읽고 호응을 해 주었다는 것이다.

셋째는, 이미 결혼 생활을 하고 있는 부부들을 위해서였다. 나는 부부들과 상담을 할 때마다, 부부들은 서로에 대하여 잘 알고 있다고 생각하고 있지만, 사실은 너무나 모르는 것이 많다는 것에 놀라는 것을 보았다. 부부들이 서로의 다양성, 기질의 차이, 상한 마음으로 인한 관계의 갈등을 깨닫고 서로를 어루만져 줄 수 있는 부부가 되었으면 좋겠다는 생각으로 글을 썼다. 이 책은 부부가 같이 읽어도 좋다. 같이 책을 읽어 가면서 느낀 부분들을 나누면 건강한 부부 관계의 형성에 많은 도움이 될 것이다.

이 책의 1부에서는 결혼 전에 생각해 보아야 할 부분들을 다루었고, 2부에서는 결혼 후에 점검해 보아야 할 부분에 대하여 이야기했다. 3부에서는 부부들의 상처 난 마음을 어떻게 치유할 것인가를 다루었다. 4부에서는 행복한 부부가 되기 위해서 관계를 어떻게 발전시켜 나가야 할 것인가를 다루었고, 5부에서는 자녀들을 자존감이 높은 자녀, 성공적인 자녀로 양육하기 위해서 염두에 두어야 할 내용을 중심으로 다루었고, 부모의 역할 가운데 특히 아버지의 역할에 대하여 초점을 맞추었다.

이 책을 읽은 후 나의 글을 더 읽기 원하시는 분들은 나의 '카카오 브런치'에 방문하여 나의 다른 글들도 읽어 보시기를 권한다(https://brunch.co.kr/@donghlim).

이 자리를 빌려 나와 결혼하여 함께 인생의 희로애락을 겪으면서 살아온 아내 '정란'에게 감사하며, 초보 부모에게 하늘이 보내 주신 가장 귀한 선물인 사랑하는 자녀들인 '성민' '성은'에게도 감사를 보낸다.

2019년 9월

임동환

목
차

1부
결혼 전의 코칭

2부
결혼 後의 코칭

3부
부부의 마음의 치유 코칭

4부
행복한 부부의 관계 코칭

5부
성공적인 자녀 코칭

결혼 전의 코칭

이런 사람과
결혼해야 한다

내가 아는 어떤 분은 식당에 가서 남녀가 밥 먹는 모습만 보면 부부인지 불륜인지 금방 알아 차린다고 한다. 어떻게 그것을 아느냐고 물었더니 "식사를 하면서 대화를 많이 하면 불륜이고, 거의 대화를 하지 않으면 부부."라고 했다. 그 이야기를 듣고 얼마나 웃었는지 모른다. 그런데 가만히 생각해 보니 일리가 있는 말이었다. 많은 부부가 결혼을 해서 살아가는 동안 서로에게 많은 상처를 주고받고 산다. 그 과정에서 부부는 서로에 대하여 기대를 포기하고 적당히 무시하고 살아가다 보니 어느 사이에 부부간에 대화가 사라져 버린 것이다. 외식을 하러 나가서도 자연스럽게 말이 없어지는 것이다. 말을 하다 보면 또 말의 꼬투리를 잡혀 갈등의 요소가 될 수 있기 때문에 아예 위험한(?) 대화를 시도하지 않는 것이다.

결혼이란 인생에 있어서 중요한 결정이다. 미국 코넬 대학교의 칼 필레머 교수는 『내가 알고 있는 걸 당신도 알게 된다면』이란 책으로 한국의 독자들과도 친숙하다. 그는 많은 부부들과 인터뷰하면서 결혼에 있어서 정말 중요한 것이 무엇인가를 연구하였다. 그는 그의 책에서 행복한 결혼 생활을 위한 5가지 조언을 하면서, "비슷한 사람과 결혼하라. 설렘보다 우정을 믿어라. 부부관계가 늘 50대 50으로 공평해야 한다는 태도는 버려라. 대화는 두 사람을 이어 주는 길이다. 배우자와만이 아니라 결혼과도 결혼한 것이다."라고 말한다. 그가 제시한 내용을 중심으로 나도 공감했던 부분을 나누려고 한다. 어떤 사람과 결혼하면 행복한 부부가 될까?

자신과 가치관이 비슷한 사람과 결혼하라

사람들은 자신과 가치관이 다른 사람과 만나면 매력을 느끼고, 자신과 가치관이 비슷한 사람에게서는 동질감을 느껴서 친숙함을 느끼게 된다. 연애를 하고, 결혼을 하려는 사람들은 친숙함보다는 매력에 더 관심이 있다. 그래서 자신과 가치관이 다른 사람에게 끌려서 결혼을 하는 경우가 많다. 거기서부터 결혼의 갈등이 시작된다. 결혼 생활을 하면서 자신과 다른 것이 많은 사람이 얼마나 큰 갈등의 요소가 되는지 결혼 생활을 시작하면서 알게 된다. 사람들은 흔히 이런 차이를 사랑의 힘으로 변화시킬 수 있다는 착각을 한다. "나를 사랑하면 그 정도의 태도는 고쳐 줄 거야." 하는 생각을 한다. 그러나 가치관은 사랑의 힘으로 쉽게 고칠 수 있는 것이 아니다. 가치관이란 일생 동안 형성된 것이기 때문에 그렇다. 그래서 사람들은 특별한 동기가 있지 않고서는 자신의 가치관을 쉽게 고치거나 바꾸려고 하지 않는다.

어떤 아내는 어려서부터 돈을 잘 관리하고 살아야 한다는 가치관을 가지고 살아왔다. 적은 돈이라도 저축을 하려고 한다. 그러나 남편은 어려서부터 돈은 항상 있는 것이라고 생각하고, 써야 또 생긴다고 생각하고 저축을 하지 않는다. 돈이 생기면 주변의 친구들에게 밥을 사고 돈을 쓴다. 그래서 남편의 주머니에는 늘 돈이 없다. 이 두 사람이 부부가 되어서 살아가면 행복할까? 돈 쓰는 문제로 매일같이 갈등할 수 있다. 아내는 남편에게 돈을 아껴서 써야 하고, 저축을 해야 한다고 이야기하고, 남편은 꼭 쓸 곳이 있어서 쓰는데 어떠냐고 맞선다. 왜 그런가? 돈을 어떻게 관리하고 어떻게 쓰는 것이 좋은가에 대한 가치관이 서로 달라서 그런 것이다.

가치관이 다른 사람과 결혼하면 평생 갈등하고 살 수밖에 없다. 아직 결혼을 하지 않은 사람이라면 내가 지금 만나고 있는 사람이 나와 가치관이 비슷한 사람인지 생각해 보아야 한다. 서로 닮은꼴이 많은 부부일

수록 행복해질 수 있는 가능성이 많아진다. 독서를 좋아하는 것이 같다든지, 연극을 보는 것을 둘 다 좋아한다든지, 여행을 다니는 것을 둘 다 좋아한다든지, 이와 같이 서로가 가지고 있는 취미나 생각이 비슷한 부분이 많고 가치관이 비슷할수록 부부는 대화의 내용도 풍성해진다. 그래서 부부는 가치관이 비슷한 사람이 서로 만나서 결혼을 하는 것이 좋다. 부부는 비슷한 가치관을 가지고 서로를 깊이 사랑하고 좋아해 주고 인정해 주고 진실하게 대하며 살아가는 것이 중요하다.

친구 같은 사람과 결혼하라

어떤 사람은 결혼을 할 때 친구 같은 사람과 결혼을 하는 것에 대하여 부정적인 생각을 가지고 있다. 친구 같은 사람은 매력이 없기 때문에 매력이 있는 사람과 결혼해야 한다는 것이다. 부부는 결혼 초기에는 육체적이고 감각적인 로맨스 중심의 삶을 살아가기 쉽다. 그러나 결혼 생활에 있어서 로맨스는 그리 오래가지 않는다. 그 이후에는 부부는 서로를 향한 신뢰, 서로를 향한 정으로 살아간다. 친구 같은 부부가 그래서 좋은 것이다.

어렸을 때 동네에 나가서 누구하고 제일 놀고 싶었는가 생각해 보라.

친한 친구다. 친구가 왜 좋은가? 허물이 없다. 부모에게는 할 수 없는 이야기를 친구에게는 할 수 있다. 친구를 만나면 마음이 통하고 서로를 잘 알기 때문에 편하다. 친구와는 재미있게 놀 수 있는 놀 거리가 많이 있다. 나도 어려서 친구들과 동네 공터에서 모이면 시간 가는 줄 모르고 놀았던 기억이 있다. 저녁 시간이 되어 어머니가 밥을 먹으라고 부르러 나올 때까지 아무리 놀아도 지겹지 않고, 재미있었던 것은 친한 친구가 있었기 때문이다. 그래서 친구가 좋은 것이다. 부부는 이런 관계가 되어야 한다. 친구 같은 배우자. 공통의 관심사를 가지고 함께 즐거움을 나누는 부부가 행복한 부부가 된다.

배우자에게 아낌없이 베푸는 사람과 결혼하라

부부는 서로에게 마음을 열고 마음껏 베풀어 줄 때 행복해진다. 부부는 서로가 약점과 단점을 가지고 있다. 그런 배우자의 약점과 단점을 덮어 주고, 배우자에게 베푸는 자세를 가지고 살아갈 때 부부는 행복해진다. 살다 보면 남편이 베풀어야 할 때도 있고, 아내가 베풀어야 할 때도 있다. "내가 많이 베풀었으니 내가 이만큼은 받아야지."라고 계산하지 말아야 한다. 부부는 서로가 무한정 베풀고 나누는 사이인 것이다. 부부간에 누가 더 손해이고 누가 더 이익인가를 따질 때 문제가 생긴다. 계산을 하며 베푸는 부부는 행복하지 못하기 때문이다. 서로에게 자신이 더 큰 헌신을 하겠다고 결단하고 서로가 더 베푸는 부부는 행복도가 올라간다.

예를 들어, 아내가 퇴근을 하는 남편에게 전화를 걸었다. "여보! 내가 오늘 깜빡 잊었는데, 당신이 집에 들어오면서 옷 수선하는 곳에서 옷 좀 찾아다 줄래? 내일 입어야 하는 옷인데 오늘 내가 가는 것을 잊어서 그래." 하는 아내의 이야기를 듣자마자 남편은 어떤 반응을 보여야 하나? "당신은 여태 뭘 하느라고 옷 찾는 것을 나에게 시키는 거야?"라고 이야기하면 아내는 마음이 슬퍼지고, 분위기가 싸해진다. 남편이 나를 위해서 이런 것도 못해 주나? 하는 섭섭한 마음이 든다. 그럴 때 남편은 오히려 "그래 알았어! 누구 이름으로 맡겼는데? 어떤 옷인데? 다른 것은 필요 없나?" 이렇게 물어보면 아내는 미안해하면서도 내가 결혼을 참 잘했구나, 내 남편은 나를 사랑해라는 생각을 하고 행복해할 것이다. 어떻게 보면 남편의 입장에서 보면 손해 보는 일일 수 있다. "하루 종일 일하고 들어오는 사람에게 수선한 옷까지 찾아오라고 하다니." 하는 생각에 화가 날 수도 있다. 그러나 남편이 아내에게 베풀면 언젠가 아내도 남편에게 행복을 선물하는 날이 오는 것이다. 인생은 무엇으로 심든지 심는 대로 거두는 것이다.

건강한 사람과 결혼하라

결혼에 있어서 부부의 건강은 너무나 중요하다. 이 내용은 마지막에 다루었지만, 어떻게 보면 가장 중요한 것 중의 하나이다. 요즘에는 결혼을 하기 전에 신랑 신부 간에 건강 진단서를 건네는 풍속도 생겨 가고 있다. 중매 결혼의 경우는 이것이 가능하지만, 연애 결혼을 할 때에는 상대방의 건강이 어떤지 물어보기도 애매해서 건강 상태를 물어보지 않고 결혼을 하는 경우도 많이 있는 것 같다. 그러나 배우자의 건강은 결혼에 있어서 너무나 중요한 요소이다. 배우자가 결혼 전부터 심각한 질병으로 고통을 받고 있다가 결혼 후 그 질병으로 인하여 결혼의 질이 심각하게 저하되는 경우도 있다. 그래서 결혼을 염두에 두고 교제하는 사람이 있다면 상대방의 건강이 어떤지 먼저 체크해 보아야 한다. 결혼 상대의 육체적인 건강과 정신적인 건강 모두를 잘 점검해 보고, 건강한 사람과 결혼을 해야 한다.

결혼하기 전의 커플이라면 꼭 이런 사람들과 결혼을 하라. 그러나 이미 결혼을 했는데 이런 사람이 아니라면 어떻게 해야 하나? 부부간의 깊은 대화가 필요하다. 부부가 이 글을 같이 읽으며 서로를 지적하는 것이 아니라 서로의 가치관의 차이를 이해하고 베풀어 주며 건강하게 살아가는 부부가 되었으면 좋겠다.

코치의 한마디

· ·

내가 결혼하려는 사람은 나와 가치관이 비슷해야
한다.

이런 사람과는
결혼을 피해야 한다

일생은 선택의 연속이다. 좋은 대학을 선택하는 것도 중요하고, 좋은 직장을 선택하는 것도 중요하다. 그러나 더 중요한 것이 있다. 그것은 바른 결혼 대상자를 선택하여 결혼을 하는 것이다. 결혼은 일생에 있어서 너무나 중요한 사건이다. 그러나 정작 결혼을 하는 젊은이들을 보면 결혼을 신중하게 생각하고 접근하기보다는 순간적인 감정이나 느낌에 치우쳐서 결혼을 하는 사람들이 종종 있다. 배우자 선택에 있어서 생각해야 할 몇 가지를 생각해 보고자 한다.

경제 개념이 없는 사람을 피하라

남자와 여자가 만나서 사랑을 하고, 결혼으로 골인을 한다. 많은 사람들은 사랑하기만 하면 모든 것이 다 해결될 것이라는 환상을 가지고 있다. 어떻게 해도 두 사람 못 먹고 살겠나? 하는 생각을 가지고 결혼을 한다. 결혼을 하고 나면 부부가 가장 먼저 만나는 문제는 경제적인 문제이다. 남편이나 아내가 재정적인 여유가 있어서 남편이 전셋집을 마련하고, 아내가 집을 채우는 혼수를 해 가지고 왔다고 경제적인 문제가 다 해결이 되는 것이 아니다. 내 집을 마련하고 아이들의 미래를 준비하고 부부의 노후를 준비해야 하기 때문이다.

남편과 아내의 경제에 대한 개념이 중요하다. 요즘에는 남편과 아내가 대개 맞벌이를 하여 꽤 많은 수입을 올리는 부부들이 있다. 그러나 상당한 수입에도 불구하고 돈을 제대로 관리하는 것을 배우지 못했으면 경제적인 어려움의 수렁에서 벗어나지 못한다. 결혼하기 전에 부모가 전세를 마련해 주었다면 그나마 나은 형편에서 출발한 것이다. 그러나 집을 마련하기 위해서 융자를 받아서 집을 사면 융자의 부담이 생김과 동시에 자녀들이 태어나면서 육아와 과외비용 등이 들어가기 시작한다. 자녀들이 대학을 진학하고 결혼을 한다. 부모는 자녀를 결혼시키기 위해서 많은 돈이 필요하다. 그래서 바른 경제 개념을 가지고 있지 않은 부부는 평생 돈이 부족하게 느껴진다.

결혼하기 전에 남편과 아내는 서로의 경제 개념을 체크해 보아야 한다. 어려서부터 저축을 하는 것이 습관이 되었는지 점검해 보아야 한다. 저축을 생활화하고, 집을 마련하기 위한 청약 통장을 마련하여 매달 돈을 모으고, 목적을 가지고 몇 개의 적금 통장을 만들어서 단기, 중기, 장기로 나누어 돈을 모으며, 투자를 위한 종잣돈을 마련하는 것이 중요하다. 당장 재산이 얼마 있는가보다는 이런 경제 개념을 가지고 살아가고 있는가 하는 것이 더 중요하다. 젊은 나이에 돈이 많이 모여 있지 않을 수도 있다. 그러나 경제 개념이 없이 돈을 쓰고, 카드를 많이 써서 매달 카드 값을 내기에 벅찬 생활을 하는 사람은 발전이 없다. 돈이 없으면 카드를 쓸 것이 아니라 최대한 지출을 하지 말아야 한다. 내가 결혼하려는 사람이 경제 개념이 있는 사람인지 아닌지 체크해 보아야 한다. 경제 개념이 없는 사람과 결혼하면 평생 고생한다. 경제 개념이 있는 사람과 결혼해야 한다.

자기만 아는 이기적인 사람을 피하라

사람들 가운데 이기적인 성품을 가진 사람은 모든 것의 중심에 자신이 있다. 어떤 일을 해도 자신에게 유익이 있으면 하고, 자신에게 유익이 없으면 안 한다. 이런 부분은 연애 시기에는 자세히 살펴보지 않으면 잘 보이지 않는다. 대게 사람이 사랑에 빠지면 이기적인 사람도 순간적으로 헌신적인 사람으로 보이기 때문이다. 평소에 하지 않았던 헌신도 아끼지 않고 사랑의 힘으로 해낸다. 그러나 시간이 지나면서 로맨스의 시기가 끝나고 나면 자신의 이기적인 본모습으로 돌아간다.

아내들은 "남편이 결혼하기 전에는 그렇게 헌신적이고, 나에게 잘해주었는데 결혼을 하고 나니 사람이 변했어요."라고 한다. 그러나 사실은 변한 것이 아니다. 원래의 모습으로 돌아온 것이다. 연애 시기에는 사랑의 힘으로 자신도 모르게 헌신적인 삶을 살았다가 시간이 지나면서 로맨스의 시기가 끝나면서 옛사람의 모습으로 돌아온 것이다.

어떤 분의 글을 보니, 이기적인 배우자로 인하여 힘들어 하는 것을 볼 수 있었다. "여자들은 결혼을 하면 엄청난 손해."라고 말하는 것을 보았다. 결혼 전에는 친정 부모님께 용돈을 드리고, 신경을 쓰는 것이 전혀 문제가 되지 않았는데 결혼을 하고 보니 친정에 대해서는 인색하고 이기적인 남편을 보면서 결혼 생활이 이런 것인 줄 알았더라면 다시 생각해 보았을 것이라는 글을 쓴 것을 볼 수 있었다.

이기적인 배우자와 함께 살아가는 사람은 참으로 고통스럽다. 배우자가 모든 것을 자기중심적으로 결정을 하기 때문에 무엇을 먹어도 어디를 가도 무엇을 해도 다 자기에게 초점을 맞추기 때문에 배우자는 고통스럽다. 배우자에 대한 배려가 없고 모든 것이 자기중심으로 결정이 되기 때문에 배우자는 평생 속상하게 살아가게 된다. 자기만 알고 개인주의적인 삶을 사는 사람은 피해야 한다. 자기만 아는 사람이 아니라 상대방을 배려할 줄 아는 사람과 결혼해야 한다.

마음에 쿠션이 없는 사람을 피하라

쿠션은 우리가 살아가는 곳에 여러 곳에 들어가 있다. 차량의 좌석에 보면 쿠션이 있다. 우리가 거실에서 앉는 소파에도 쿠션이 있다. 우리가 매일 앉는 의자에도 쿠션이 있다. 쿠션은 딱딱한 곳에 편하게 앉아 있을 수 있도록 해 준다. 몇 년 전에 미국 뉴욕에서 인천까지 비행기를 타고 오는데 비행기 좌석의 쿠션에 문제가 있었다. 몇 시간은 괜찮았는데 열 시간이 넘도록 쿠션에 문제가 있는 자리에 앉아서 오다 보니 엉덩이가 저리고 아파 왔다. 비행기를 내리고 나서도 며칠 동안이나 엉덩이가 저리고 아파서 고생을 한 적이 있다. 쿠션이 그렇게 중요한 것이었다.

인생에도 쿠션이 필요하다. 이러한 인생의 쿠션은 여유가 있는 마음이다. 남편과 아내는 여유 있는 마음을 가지고 살아야 한다. 남편에게 마음의 쿠션이 있으면 아내가 속상한 일이 있어서 남편에게 날카로운 말을 해도 남편이 아내를 부드럽게 품어 줄 수 있게 되어 큰 문제가 되지 않는다. 아내의 마음에 쿠션이 있으면 남편에게 힘든 일이 있어서 아내에게 속상한 말을 해도 아내가 남편을 품어 줄 수 있게 되어 큰 문제가 되지 않는다.

마음에 쿠션이 있는 사람은 배우자를 향한 배려가 있다. 어느 부부든 갈등이 없을 수는 없다. 부부는 다른 성장의 배경과 문화를 가진 두 사람이 만나서 결혼을 하는 것이기 때문에 당연히 갈등이 있을 수 있다. 그러나 갈등이 있을 때 어떻게 반응을 하는가는 중요하다. 예상치 못하는 문제를 만났을 때 마음의 여유를 가지고 대화를 통해서 해결하려는 태도를 가지고 있는지 아니면 지나치게 화를 내고 폭언을 하고 물건을 집어 던지거나 하는지 살펴보아야 한다. 이런 사람을 결혼 대상자로 고려하는 것은 피해야 한다. 마음에 쿠션이 없는 사람이기 때문이다. 연애 시절에 이 정도면 결혼을 하고 나면 폭언과 폭행을 할 수도 있는 사람이다.

부부는 서로를 존중하고 살아야 한다. 때로 부부는 아주 가까운 사이이기도 하지만, 아주 먼 사이이기도 하다. 남편과 아내가 가깝기 때문에 함부로 해서는 안 된다는 말이다. 가까울수록 부부간에는 예의가 필요하다. 남편과 아내가 서로에게 귀를 기울여 경청해 주고, 서로에게 배려해 주어야 한다. 살다 보면 부부간에는 수많은 갈등의 요소가 다가온다. 그때 부부의 마음에는 쿠션이 있어야 한다. 마음속에 여유가 있는 배우자가 서로를 행복하게 해 준다. 결혼은 혼자서 노력한다고 되는 것이 아니다. 부부가 같이 노력하고 행복의 탑을 쌓아 가야 한다.

시간 관리를 못하는 사람을 피하라

만나기로 시간을 약속하면 늘 늦는 사람이 있다. 항상 이야기를 들어 보면 이유가 있다. "버스가 고장이 나서 늦었다." "핸드폰을 두고 와서 가지러 가느라 늦었다." "이번에는 제대로 나왔는데 차가 밀려서 늦었다." 알고 보면 시간 관리를 잘 못하는 게으른 사람이다. 이런 사람은 모든 일을 미리 준비하고 미리 시작하지 못한다.

대학교를 다닐 때 교수님들이 리포트 과제를 학기 초에 내주면, 꼭 그 리포트를 제출하기 전날 시작하는 사람들이 있다. 학기 초에 리포트 과제를 내주는 이유가 뭘까? 몇 주간의 시간을 통해서 미리 필요한 책을 읽고, 많은 생각을 해 보고 조사를 해서 리포트를 제출하라는 것이다. 그런데 그 과제를 하루 전에 시작해서 밤을 새워서 제출을 한다고 하면 과연 좋은 결과가 나올까? 모든 것을 미루다가 마지막 순간에 번개같이 처리하는 사람들은 스스로를 순발력이 있는 사람이라고 생각하기도 한다. 자신은 마지막 순간에 일을 처리해야 성과가 나온다고 말할 수도 있다. 그러나 그런 행동은 게으름의 또 따른 이름이다.

어느 장소에 부부가 같이 가기로 했다. 서로 시간 약속을 하고 몇 시에 집에서 출발하기로 했다. 한 사람은 모든 준비를 끝내고 출발하려고 하는데, 배우자는 옷을 입기는커녕 아직 세수도 안 했다. 시간이 부족하다고 좀 더 시간을 달라고 말한다. 왜 그랬을까? 나갈 준비를 하지 않고 다른 일을 하고 있었기 때문이다. 시간 관리를 제대로 하지 못한 것이다. 기다리는 배우자는 이런 일들이 자꾸 쌓이면서 짜증이 난다. 자신을 무시하는 느낌이 든다. 그래서 화가 나고 관계가 악화가 된다. 그래서 집을 나가기도 전에 자주 말다툼을 하게 된다. 이런 사람과의 결혼은 피해야 한다. 시간 관리를 잘하는 사람과 결혼해야 한다.

이 글을 읽는 사람 가운데 "아! 이건 내게 해당이 되는 건데? 그럼 나는 결혼하기 어려운 사람인가?"라는 생각을 할 수 있다. 그러나 이 글의 의도는 그런 결론을 맺기 위한 것이 아니다. 위에서 언급한 항목 중에 자신에게 해당이 되는 부분이 있다면, 이제는 그런 태도를 바꾸어야 할 때가

온 것을 알아야 한다. 누구든지 계속해서 이런 태도를 가지고 살면 결국은 자신도 괴롭고 배우자도 괴롭게 되기 때문이다. 사람들은 누군가가 나의 약점을 지적해 주면 기분이 나빠지고 나의 약점을 지적해 준 사람의 말을 잘 안 들으려고 하는 경향이 있다. 우리는 다른 사람이 나의 약점을 지적해 주기 전에 스스로가 먼저 자신의 약점을 살펴보고 교정해야 할 부분을 하나씩 고쳐 가야 한다.

코치의 한마디

나의 결혼 상대는 내게 배려를 할 줄 아는 사람이어야 한다.

결혼하기 전에
생각해 보아야 할 것이 있다

  결혼한 사람들의 이야기를 들어 보면 결혼을 해 보니 결혼하기 전에 생각했던 것과 많이 다르다고 이야기를 한다. 결혼 생활에 잘 적응하고 살아가는 부부가 있는가 하면 어떤 부부는 결혼 생활에서 많은 어려움을 경험하며 마음에 우울함이나 감정적인 어려움을 겪는 사람들도 있다. 우리는 결혼하기 전에 먼저 무엇을 생각해 보아야 하는 것일까? 결혼을 하기 전에 깊이 고려해 보아야 할 부분들을 생각해 보고자 한다.

결혼은 도피처가 아니다

결혼을 하는 사람들의 이야기를 들어 보면 나이가 들어 가면서 주변의 눈치 때문에 더 이상 혼자 있을 수 없는 상황이 되어 어쩔 수 없이 결혼을 하게 되는 사람들이 있다. 명절이 되면 친척들이 "왜 결혼을 안 하냐? 언제 결혼할 거냐?" 이런 질문을 한다. 그런 말을 듣기에 지쳐서 이제는 결혼을 해야겠다는 생각으로 결혼을 도피처로 삼아서 결혼을 하는 경우가 있다. 어떤 사람은 어린시절부터 가정환경이 불안하고, 행복한 삶을 살지 못해서 집에서 탈출하여 "나만을 사랑해 주는 사람을 만나 결혼을 하면 행복하지 않을까?" 하는 생각으로 결혼을 도피처로 삼는 사람도 있다.

결혼 상대를 자세히 알아보지도 않고, 자신과 잘 맞는지 확인해 보지도 않고, "잘 되겠지."라는 무한 긍정(?)의 생각으로, 무조건 결혼을 감행하는 사람들이 있다. 결혼은 도피처가 아니다. 일단 결혼만 하면 자동으로 행복해지고, 결혼만 하면 배우자가 나에게 잘해 줄 것이라는 것은 근거 없는 희망이라는 것을 알아야 한다. 결혼은 현실도피의 목적지가 아니다. 현실 도피를 위하여 결혼을 했다가는 예상치 못할 갈등과 위기를 만날 수 있다.

결혼은 로또(LOTTO)가 아니다

어떤 부부가 그런 이야기를 했다. "우리 부부는 로또와 같아요." 그 이야기를 듣고, "그렇게 결혼을 잘하셨어요?"라고 물어보니 "그 이야기가 아니고, 우리 부부는 안 맞는다."라는 것이다. 로또가 잘 안 맞듯이 부부가 안 맞아도 너무 안 맞는다는 이야기였다. 웃지 못할 이야기다. 어떤 사람은 결혼을 로또로 생각하는 사람들이 있다. 결혼만 잘하면 신분이 바뀌고, 결혼만 잘하면 단번에 인생이 바뀔 수 있다는 생각을 가지고 결혼을 하는 사람이다.

어려서부터 읽어 왔던 신데렐라 이야기는 우리에게 결혼이 인생의 로또를 가져다줄 것이라는 환상을 가져다준다. 결혼 상대자가 자신보다 더 좋은 학력을 갖추고 있고, 거기에 재력까지 겸비하고 자신에게 잘해 주는 사람을 만나서 결혼을 하면 좋겠다는 생각을 갖고 결혼을 로또로 여기고 하면 예상치 못하는 문제를 만난다. 그렇게 좋은 학력과 재력을 가지고 있는 사람이 그렇지 않은 사람과 결혼을 하려고 한다면 그 이유가 있지 않을까? 사랑에 의해서 하는 결혼이 아니라면 뭔가 생각해 보아야 할 부분이 있는 결혼일 수 있다.

부모님이 재산이 많은 상대와 결혼을 하는 것도 장단점이 있다. 사람들은 부모님이 재산이 많은 사람과 결혼을 하면 결혼을 잘했다고 생각을 하는 경향이 있다. 그러나 부모님의 재산이 많기 때문에 자녀들이 부모님에 의해서 휘둘려서 살았을 가능성이 많고 나도 그에 맞추어서 살아야 할 수 있다는 것을 염두에 두어야 한다. 부모님이 물질적으로 도와주고 풍요하게 해 주는 것은 당장 보기에는 좋은 것 같지만 그 모든 돈에는 가격표가 붙어 있다는 것을 알아야 한다. 부잣집 자녀와 결혼한 가난한 사람의 갈등이 TV 드라마의 흔한 주제라는 것은 부부간의 경제적인 차이가 갈등의 요소가 된다는 것을 의미한다.

결혼은 부부가 서로 학력이나 재산상의 수준이 비슷한 사람과 하는 것이 가장 무리가 없다. 상대와 너무나 큰 차이를 가지고 있으면 마음에 열등감이 형성되는 경우가 있다. 괜한 자격지심이 생긴다. 남편이나 아내나 일부러 눈치를 주려고 하는 것이 아닌데도 괜히 자격 지심에서 오해하고 마음이 불편해지는 경우도 있다.

결혼 상대의 인품을 눈여겨보아야 한다

결혼 상대를 찾는 사람들이 제일 먼저 보는 것 중의 하나가 상대의 외모라고 한다. 남자들은 예쁜 여자를 좋아하고, 여자들은 멋진 남자를 좋아한다. 외모가 보기 좋다는 것 자체가 문제는 아니지만 그 외모와 함께 꼭 살펴보아야 할 것은 결혼 상대의 인품이다. 결혼 상대의 외모와 인품 둘 중 하나를 선택해야 한다면 그 사람의 인품이 외모보다 더 좋아야 한다.

나도 젊은 시절에 주변의 어른들이 하는 말 가운데 "사람의 외모보다는 인품이 더 중요하다."라는 이야기를 들었던 적이 있다. 그때는 "그래도 사람이 외모가 좋아야지." 하는 생각을 하고는 했다. 그런데 세월이 지나면서 주변의 결혼 생활을 하는 사람들을 보니 외모보다 훨씬 더 중요한 것이 인품이라는 사실에 공감하게 되었다. 결혼은 일생을 같이하기로 언약하고 살아가는 것이다. 일생 동안 배우자에게 귀를 기울이는 경청하는 자세를 가지고 살며, 어려움을 만날 때 인내하고 배려하며 쉽게 분노하지 않는 좋은 인품을 가진 사람이 최고의 결혼 상대이다. 중요한 것은 그런 좋은 인품을 가진 배우자가 나를 사랑하고 인정해 주는 사람이어야 한다는 것이다.

결혼 상대의 가족 관계를 살펴보아야 한다

결혼을 할 상대의 가족들이 화목하고 대화가 잘 되는 가정인지 점검해 보아야 한다. 결혼을 하고 보면 가족들이 화목하지 않아서 마음고생을 하고 살아가는 경우도 많이 있다. 부모님 부부간의 관계는 좋은지, 가족들 간에 서로 좋은 관계를 가지고 있는지 체크해 볼 필요가 있다. 부모님이 자녀들에게 지나치게 집착을 하고 있지는 않은지 확인해 보아야 한다.

어려서부터 과잉보호를 받으며 자라난 자녀의 경우 결혼을 하고 나서도 부부 중심의 가정이 아니라, 부모님 중심의 가정을 이루어 가는 경향이 있다. 부모님을 공경하고 잘 섬기는 것은 좋지만 일단 결혼을 하고 나면 부모님 중심의 가정의 굴레에서 벗어나서 부부 중심의 가정을 이루어 가야 하는 것이다. 가정에서 뭔가 중요한 의논을 할 때 바람직한 것은 남편과 아내가 먼저 의논하는 가정이다. 부모는 부부 사이에 개입하지 말고 부부가 결정할 수 있도록 해 주는 것이 건강한 가정이다. 결혼하기 전에 부모님이 자녀에게 과잉보호를 하고 있는지, 자녀가 자신의 의견을 충분히 이야기하고 부모님에게 너무 휘둘려 살고 있는 것은 아닌지, 배우자의 가정의 분위기를 살펴보는 것이 중요하다.

코치의 한마디

행복한 결혼 생활은 부부 서로의 배려로 만들어 진다.

결혼식장에 들어가면서 가져야 할 마음 자세

결혼은 가슴 설레는 일이다. 결혼을 준비하면서 예식장을 예약하고 결혼 예복을 준비하고 신혼 여행지를 예약하고 청첩장을 만들어서 친한 사람들에게 알리고 드디어 결혼식장으로 들어간다. 그러나 그것으로 모든 결혼 준비가 끝난 것은 아니다. 결혼식장에 들어가기 전에 우리는 생각해 보아야 할 것이 있다. 결혼 생활을 시작하면서 우리는 어떤 마음의 자세를 가져야 할까? 사랑이라고 하면 우리는 흔히 뜨거운 열정적인 감정을 생각하기 쉽다. 그러나 그 사랑이라는 단어 속에는 열정 외에도 다른 다섯 개의 단어가 더 있다. 겸손, 헌신, 동행, 균형, 용서가 그것이다.

겸손: 배우자에 대하여 열린 마음으로 배우겠다는 마음

결혼 생활을 시작한다는 것은 여태 내가 해 보지 않았던 새로운 일을 시작하는 일이다. 결혼은 특별한 지식이나 특별한 준비가 필요 없이 그냥 하면 되는 것이고, 결혼 생활은 그냥 시작하면 자연히 알게 될 것이라는 생각을 가지고 결혼식장에 들어가는 사람들이 있다. 그러나 그것은 사실과 다르다. 내가 알고 있는 결혼에 대한 지식과 나의 배우자에 대한 정보는 부분적인 경우가 많다. 그래서 결혼 생활을 통해서 내 배우자에게 이런 면이 있었구나 하는 것을 새롭게 알게 되고 배우게 된다. 결혼 생활에 들어서면서 우리는 겸손해야 한다. 내가 배우자에 대하여, 결혼 생활에 대하여 모르는 것이 많다는 것을 인정하고 이제 나는 새로운 배움의 길에 들어선다는 겸손한 자세를 가져야 한다.

헌신: 배우자에게 몸과 마음을 바쳐 힘을 다하겠다는 마음

'헌신'이란 단어의 사전적인 정의는 '몸과 마음을 바쳐 있는 힘을 다하는 것'이라고 되어 있다. 결혼이란 이와 같이 몸과 마음을 바쳐 있는 힘을 다해야 하는 것이다. 결혼은 조금 해 보고 마음에 들지 않으면 그만둘 수 있는 것이 아니기 때문이다. 물론 결혼에는 많은 유익이 있다. 그러나 그런 유익만 생각하고 결혼을 한다면 예상치 않은 일들을 만나게 될 것이다. 결혼은 배우자에게 헌신하고자 결단하는 것이다. 나 혼자 살 때는 요구되지 않았던 일들이 생긴다. 배우자에게 시간을 내어 주어야 한다. 내가 개인적으로 좋아하는 취미 생활을 줄여야 할 수도 있다. 배우자의 부모님의 생일과 특별한 날들을 기억했다가 축하를 해 드려야 하고, 배우자의 생일, 결혼기념일을 기억해야 한다. 결혼을 하고 시간이 지나면서 자녀를 낳아서 기르며 자녀들에게 시간을 내어 주어야 한다. 자녀를 양육하는 것에는 큰 헌신이 필요하다. 그러면 이런 헌신을 해야 하는 결혼은 왜 해야 하나? 이런 헌신에도 불구하고 결혼이 주는 안정감, 기쁨, 행복감이 놀라울 정도로 크기 때문이다.

동행: 늘 배우자를 살피며 함께하겠다는 마음

결혼 생활은 두 사람의 동행이 시작되는 것이다. 요즘 해외여행을 하는 사람들이 많다. 해외에 단체로 가는 여행을 해 보면 같은 여행사에서 출발한 사람들은 같은 그룹이 되어 여행에서 돌아올 때까지 같은 여행지를 돌아보게 된다. 여행지에 가면 가끔 어떤 분은 한눈을 팔다가 다른 여행 그룹을 따라간다든지, 다른 여행 그룹의 버스를 타는 경우가 생긴다. 여행지에 가 보면 여행 그룹의 버스가 비슷해 보이기 때문에 신경을 쓰지 않으면 자신이 속한 여행 그룹을 잃어버리거나 버스를 잘못 타는 경우가 생기게 된다. 경험이 많은 가이드는 늘 버스에 돌아오면 사람들의 수를 센다. 그냥 다 왔겠지 하고 출발하다 보면 항상 문제가 생긴다. 한두 명이 다른 버스를 타거나, 여행지에 어떤 사람을 남겨 둔 채로 버스를 출발하여 몇 시간을 달리고 있는 것이다. 그러면 잃어버린 여행객을 찾기 위한 대혼란이 시작된다. 보아야 할 다음의 여정을 취소하고 다시 출발한 곳으로 돌아가야 한다. 여행 스케줄이 엉망이 되는 것이다. 결혼도 그와 같다. 결혼은 배우자와 동행을 하는 것임을 잊지 말아야 한다. 주례 앞에서 언약을 한 것처럼, 죽음이 서로를 갈라놓아 인생의 여정을 마칠 때까지 부부가 서로 동행을 하겠다는 결심이 필요하다. 한눈을 팔아서도 안 된다. 늘 배우자가 자신의 옆에 있는지, 내가 배우자 옆에서 제대로 동행을 하고 있는지 점검해야 한다. 자주 손을 잡아 주고 자주 눈빛을 교환해 주고 배우자가 불편해하고 있는 것은 없는지, 배우자가 식사는 잘하고 있는지, 배우자가 어디 아픈 곳은 없는지 수시로 점검하며 동행해야 한다.

균형: 배우자와 주고받는 것에 균형을 맞추겠다는 마음

결혼 생활을 시작하면서 부부는 서로의 삶에 균형을 잡아야 한다. 결혼 생활은 서로 주고받는 생활의 연속이다. 부부생활은 서로를 향한 헌신이라고 이미 위해서 말했다. 그러나 그런 헌신은 균형이 잡힌 헌신이 되어야 한다. 어떤 부부의 예를 들어보자. 남편은 아내에게 헌신적인 삶을 살고 있었다. 남편은 아내가 원하는 것은 무엇이든지 해 주려고 했다. 그런데 아내는 남편이 원하는 것에 별로 관심이 없었다. 아내는 남편으로부터 많은 헌신을 받고 있었지만 정작 남편에게는 필요한 헌신은 주지 않고 있었던 것이다. 결국 남편은 지쳐 가기 시작했다. 자신이 아무리 주어도 아내는 자신에게 돌려주는 것에 인색했기 때문이다. 부부는 서로가 주고받는 관계라는 것을 잊지 말아야 한다. 부부는 공주중후군, 왕자중후군에서 벗어나야 한다. 나의 배우자는 나를 공주로 모시고, 왕자로 모실 거야 하는 생각으로 결혼 생활을 하는 것은 오해이다. 부부는 서로를 귀히 여기는 존재이다. 나는 나를 돌보아 줄 종과 결혼을 하는 것이 아니라는 것을 잊지 말아야 한다. 결혼을 하면서 내가 배우자에게 어떤 말을 하고 행동을 해도 나의 배우자는 다 받아줄 것이라는 생각을 해서는 안 된다. 서로가 주고받는 균형이 유지될 때 결혼은 건강해지는 것이다.

용서: 배우자의 잘못을 용서하겠다는 마음

결혼 생활을 하면서 때로 우리는 용서의 중요성을 깨닫게 된다. 배우자가 나의 생각과 다른 생각을 가지고 있어서 예상치 못하는 문제들이 발생하기도 한다. 배우자가 잘못 생각해서 실수를 하고 이기적인 삶을 살기도 하고 부부간의 조화를 깨는 일들이 발생할 수도 있다. 친구들과 시간을 보내다가 배우자에게 소홀하여 마음에 상처를 주기도 하고 결혼 전에 가지고 있었던 취미 생활에 여전히 빠져서 배우자를 외롭게 하는 경우도 생길 수 있다. 이때 부부에게 필요한 것은 대화와 용서이다. 어떤 사람은 배우자에게 잘못을 하고도 자신이 무엇을 잘못했는지조차 모르고 살아가는 경우도 있다. 어려움이 생길 때마다 부부는 대화를 해야 한다. 자신이 가지고 있는 외로움, 아픔을 배우자가 알도록 해 주어야 한다. 때로 어려서부터 자신의 감정을 표현하는 방법을 잘 모르고 살아온 사람들도 많이 있다. 이런 경우에는 전문가의 도움을 받을 필요가 있다. 자신의 감정을 건강하게 표현하는 방법을 배워야 한다. 기분이 좋지 않다고 무조건 소리를 지르고 화를 내고 물건을 집어 던지고 상대방의 신체를 잡아당긴다든지 상하게 하는 행위를 해서는 안 된다. 상대를 무시하지 않고 상대의 기분을 망가뜨리지 않으면서도 내가 가지고 있는 속상함을 전달할 수 있는 대화법이 많이 있기 때문이다(이 책의 뒷부분에서 그런 대화법에 대해서는 더 이야기할 것이다).

부부는 서로를 향해서 건강한 대화를 통하여 서로의 잘못을 용서할 수 있어야 한다. 부부에게는 때로 용서가 필요하다. 세상에 완벽한 사람이 없기 때문에 그렇다. 부부는 서로를 용서해 주고 살아야 한다. 서로가 알지 못해서 했던 일들, 생각이 거기까지 미치지 못해서 생겼던 일들, 한순 간의 실수로 생겼던 일들 등 수많은 용서를 하며 살아가는 것이 결혼 생 활이고 부부이다.

코치의 한마디

인생은 끊임없이 배워야 한다. 배우자에게 배우 겠다는 겸손함이 필요하다.

xxxxxxxxxxxxx

사람마다
사랑의 언어가 다르다

　사람들은 배우자나 자기가 사랑하는 사람에게 충분하게 사랑의 표현을 하고 있다고 생각하고 있지만 실제로 상대방은 우리가 생각하는 것만큼 사랑받고 있다고 느끼지 못하는 경우가 많다고 한다. 게리 채프먼은 "사람들이 사랑받고 있다고 느끼지 못하는 이유는 사람들이 서로 다른 사랑의 언어를 사용하고 있기 때문"이라는 것이다. 다른 언어를 사용하는 사람들이 만나서 대화를 하면 그들은 무슨 이야기를 하는지 모른다. 그러나 한 사람이 다른 사람의 언어를 배워서 그가 이해하는 말로 이야기를 해 줄 때 참된 소통이 이루어지는 것처럼, 사랑도 상대방이 알아듣고 이해할 수 있는 언어로 표현해 줄 때 상대방은 사랑을 받고 있다고 느낀다는 것이다.

게리 채프먼은 『5가지 사랑의 언어』라는 책에서 "'인정해 주는 말, 봉사, 선물, 함께 시간 보내기, 스킨십'이 사람들이 가지고 있는 대표적인 사랑의 언어"라고 말한다. 중요한 것은 상대방이 사랑받고 있다고 느끼는 사랑의 언어를 찾아서 그 언어로 사랑을 표현해 줄 때 비로소 상대방은 사랑을 받고 있다고 느낀다는 것이다. 오늘 우리는 어떤 사랑의 언어를 쓰고 있으며, 내가 사랑하는 사람은 어떤 사랑의 언어를 사용하는지 생각해 보자.

인정해 주는 말을 들을 때 사랑받고 있다고 느끼는가?

이런 사람들은 배우자가 자신을 인정하는 말을 해 줄 때 자신은 사랑받고 있다고 느낀다. 인정받는 것을 좋아하는 사람은 예를 들어 "옷이 잘 어울립니다." "머리 스타일이 멋있네요."라고 말을 해 주면 자신이 사랑받고 있다고 느낀다. 배우자가 인정받는 말을 듣기를 좋아하는 사람이라면 인정하는 말을 자주 해 줄수록 상대방은 내가 사랑받고 있구나 느끼며 부부 관계는 더욱 좋아진다.

봉사해 줄 때 사랑받고 있다고 느끼는가?

배우자가 자신이 힘들어하는 부분을 도와줄 때 자신이 사랑받고 있다고 느끼는 사람이 있다. 남편이나 아내나 도움이 필요한 곳을 배우자가 도와주고 봉사해 줄 때 봉사를 통하여 사랑을 느끼는 사람에게는 "배우자가 나를 사랑하고 있구나." 하는 생각을 하게 된다.

선물을 받을 때 사랑받고 있다고 느끼는가?

이런 유형의 사람들은 선물을 받으면 "배우자가 나를 무척 생각하고 있구나."라고 생각한다. 상대방이 좋아하는 것을 생각해 두었다가 그것을 선물하면 무척이나 고맙게 생각하고 행복해한다. 이런 사람들은 선물을 받을 때 사랑받는다고 느끼기 때문이다.

함께 시간을 보낼 때 사랑받고 있다고 느끼는가?

이런 사람들은 배우자와 함께 있는 시간에 TV를 끄고 신문을 내려놓고 서로의 얼굴을 바라보며 대화를 할 때 행복해한다. 이런 사람에게는 산책을 한다든지, 외식을 할 때도 단지 건강을 위해서 걷고 식사만 해결하는 것이 목표가 아니라 서로 대화를 하고 내가 당신과 함께 있고 싶어 한다는 것을 표현해 주는 것이 필요하다. 그럴 때 사랑받는다고 느끼기 때문이다.

스킨십을 할 때 사랑받고 있다고 느끼는가?

스킨십을 좋아하는 사람들에게는 자주 손을 잡아 주고 안아 주는 것이 중요하다. 이런 느낌을 통하여 자신이 사랑받고 있다고 느끼기 때문이다. 이런 배우자에게는 자주 포옹을 해 주고 스킨십을 해 주는 것이 필요하다.

우리는 배우자나 자신이 사랑하는 사람의 사랑의 언어가 무엇인지 어떻게 알 수 있을까? 배우자가 어떤 행동이나 말을 자주 하는지를 주목해 보라는 것이다. 사람들에게 인정해 주고 격려해 주는 말을 자주 하는 사람의 사랑의 언어는 인정의 말일 수 있다. 누군가에게 선물을 주는 것을 좋아하는 사람이라면 그의 사랑의 언어는 선물일 수 있다. 누군가와 함께 어울리고, 같이 있는 것을 즐겨 하는 사람이라면 그의 사랑의 언어는 함께하는 것일 수 있다. 우리는 우리가 가진 사랑의 언어가 무엇인지 파악하고, 배우자나 사랑하는 사람이 가진 사랑의 언어를 알아서 상대방이 원하는 방식대로 사랑을 표현하자. 그때야 비로소 상대방은 자신이 사랑받고 있다는 것을 느끼게 될 것이기 때문이다.

코치의 한마디

나는 내가 사랑하는 사람의 사랑의 언어를 알고 있는가?

2부

결혼 후의 코칭

웃고, 이해하고, 감사하는
부부가 되어야 한다

결혼식을 마치고 신혼 여행을 다녀와서 가족들과 지인들을 초대하여 집들이를 하고 부부의 본격적인 결혼 생활이 시작된다. 여태 혼자서 살다가 이제는 둘이 생활을 하게 된다. 같이 사는 것이 즐겁고 행복하기도 하지만, 때로는 혼자 결정하고 혼자 사는 것이 습관이 되어 있다가 배우자가 늘 옆에 있어서 같이 의논하고 결정해야 하는 것이 스트레스가 되기도 한다. 그래서 부부는 예상치 못하는 갈등을 경험하고 어려움을 만나는 것이다. 그런 속에서도 행복한 결혼 생활을 하는 방법은 없을까? 여기에 행복한 부부 생활을 하는 데 있어서 중요한 기본적인 세 가지를 소개하고자 한다.

많이 웃고 살자는 것이다

부부는 오래 살다 보면 서로의 얼굴만 보아도 배우자의 기분이 어떤 상태인지를 알 수 있게 된다. 부부는 살아가면서 가정에 다가오는 여러 가지 문제로 염려하고 갈등 속에서 살아갈 때가 많이 있다. 경제적인 어려움이 다가와서 마음의 여유가 없을 때도 있고 자녀들이 아프거나 문제가 생겨서 놀란 가슴을 안고 살아갈 때도 있다. 한밤중에 갑자기 아이가 열이 생겨서 응급실에 아이를 안고 뛰어갈 때도 있다. 자라온 환경이 다르고 표현하는 기술이 부족해서 부부는 서로를 오해하고 갈등할 때도 있다.

결혼을 하면서 나는 아내와 중요한 약속을 했다. "어떤 갈등이 있어도 그 갈등을 하루를 넘기지 말고 풀고 지내자."라는 것이었다. 지금 생각해 보면 참 엄청난 약속을 한 것이었다. 살다 보니 부부간에 의견이 맞지 않는 경우도 있고 여러 결정을 할 때 서로의 생각이 달라서 갈등이 있을 때도 있었다. 대부분의 경우 내가 먼저 아내에게 다가가서 갈등을 가지고 하루를 넘기지 말자고 이야기하며 대화를 시도했다. 내가 잘못했다고 이야기하면 아내는 못 이기는 척하고 나의 이야기를 받아 주고 마음을 풀었다. 어설프고 썰렁한 개그로 아내를 웃게 하고는 했다.

부부는 서로를 바라보며 미소 짓고 웃으며 살아야 한다. 부부는 살다 보면 많은 어려움을 만나지만 그때마다 마음에 있는 갈등을 풀어야 한다. 갈등은 그냥 두면 해결되는 것이 아니다. 갈등의 앙금은 그대로 두면 쌓이고 또 쌓이게 된다. 그래서 결국은 깊은 감정의 골을 만들게 되는 것이다. 남편과 아내는 서로를 인정해 주고 포용해 주어야 한다. 서로에게 미소를 짓게 해 주고, 웃게 해 주는 부부가 되어야 한다.

많이 이해해 주자는 것이다

미국의 영어 표현 가운데 '다른 사람의 신발을 신어 보라.'라는 표현이 있다. 이것은 그 사람의 입장이 되어 보라는 것이다. 얼마 전에 어떤 남편이 "요즘에 어떤 아내들은 남편의 고뇌를 이해하지 못하고 있다."라고 말했다. 아기를 데리고 부부가 외출을 하면 한 손으로는 아기를 안고, 어깨에는 기저귀 가방을 메고, 다른 손으로는 유모차를 밀고 다녀야 하는 남편의 고충을 아내들이 이해해 주었으면 좋겠다는 이야기였다. 요즘 고독사를 하는 남편들이 많이 있다는 것도 남편들이 얼마나 힘든 상황인 것을 아내들이 이해해 주어야 한다는 이야기였다. 공감이 가는 이야기였다. 아내는 이런 남편의 입장에 귀를 기울여 주어야 한다. 남편의 입장이 되어 남편의 신발을 신어 보는 것이다. 아내도 시어머니로 인하여 힘들 수 있지만, 남편도 시어머니와 아내 사이에서 중재를 하며 애쓰고 있다는 것을 알아주어야 한다는 것이다.

남편 역시 아내의 스트레스를 이해해 주어야 한다. 어떤 아내는 그런 이야기를 했다. "아내도 많은 스트레스와 갈등 속에서 살아가고 있다."라는 것이다. 옛날에는 사람들이 자신의 이름을 불러주었는데, 언제부턴가 누구누구의 아내, 누구 누구의 엄마로 이름이 바뀌면서 자신의 존재감은 점점 더 희미해져 간다는 것이다. 남편은 이런 아내의 입장이 되어 이해해 주는 것이 필요하다. 그러기 위해서는 부부가 대화를 하는 시간을 가져야 한다.

'스티븐 코비'는 대화를 할 때 인디언의 막대기의 법칙을 사용하는 것이 좋다고 말한다. 인디언들은 대화를 할 때 막대기를 앞에 두고 대화를 시작한다고 한다. 어떤 사람이 그 막대기를 들고 있으면, 그때는 그 사람만 말을 할 수가 있다. 말을 하던 사람이 말을 끝내고 자신이 들고 있는 막대기를 앞에 내려놓으면 다른 사람이 그 막대기를 들고 이야기를 시작할 수 있다는 것이다. 다른 사람을 오해하지 않으려면 그 사람의 이야기를 충분히 들어주어야 한다는 경청의 중요성을 강조하는 말이다. 많은 경우 부부간에 충분히 들어주지 않고 자신이 먼저 말을 하려고 배우자의 말을 막거나 끊을 때 오해가 생기고 감정이 상하게 되는 것이다. 부부 관계에서도 이런 원리를 적용해 보는 것도 좋다. 남편과 아내 가운데 대화를 하기 전에 먼저 주걱이라도 앞에 두고 주걱을 마이크 삼아서 이야기를 해 보면 어떨까? 부부는 서로의 이야기를 충분히 들어주는 부부가 되어야 한다.

많이 감사하자는 것이다

미국에 갈 때마다 미국에서 사람들을 만나고 대화를 하다 보면 그들이 가장 많이 쓰는 말은 "감사하다."라는 말이다. 그들은 작은 일에도 감사를 표현하는 것이 몸에 배어 있다. 부부간에도 이런 감사가 몸에 밴 삶을 사는 것이 중요하다. 부부는 서로가 자주 감사를 표현하고 살아갈 때 부부 관계는 더욱 성숙해지고 아름다워진다. 요즘은 많은 부부가 맞벌이를 하며 과도한 스트레스 가운데도 최선을 다하며 살아가고 있다. 그런 남편과 아내들에게 서로가 줄 수 있는 최상의 선물은 비싼 물건이 아니다. "당신이 가정을 위해서 그렇게 애써 주어서 늘 고마워요. 당신의 가정을 향한 헌신이 감사해요."라고 서로가 말해 주면 배우자는 그동안 직장에서, 삶 가운데 있었던 스트레스가 풀리고 자신을 위해서 배우자가 이렇게 감사하고 있다는 사실에 힘을 얻게 된다. 남편이 '남의 편'이 아니라 나의 존재를 인정해 주고, 아내가 내 마음을 알아주고 있구나 하는 생각에 서로가 감사의 마음이 더욱 깊어지게 된다. 부부는 서로 간에 감사의 마음을 가지고 살고, 서로가 감사를 표현하며 살아가야 하는 것이다.

감사를 마음속에만 가지고 살아서는 안 된다. 내가 말하지 않아도 아내가 알겠지? 내가 말하지 않아도 남편이 알겠지? 그런 생각을 하고 감사하지 않으면 배우자는 상대방이 감사하고 있는 것을 모르고 살아가는 경우가 대부분이다. 부부는 감사의 표현을 통하여 서로의 마음을 감싸 주어야 한다.

어떤 세미나에서 부부가 서로를 어떻게 생각하고 있는지 알아보기 위해서 배우자에게 감사한 것을 적어 보라고 하며 10분의 시간을 준 적이 있었다. 그때 어떤 분은 땀을 흘리면서 별로 기록을 하지 못했다. 감사한 것이 별로 생각이 나지 않는다는 것이다. 감사한 것보다 서운한 것을 써 보라면 많이 쓸 수 있을 것 같다고 했다. 그런 마음을 가지고 살면 부부의 삶이 행복할 수가 없다. 부부는 서로가 감사할 것이 많아야 한다. 오늘 이 글을 읽는 분들도 한번 시도해 보았으면 좋겠다. 잠깐 책을 덮고 종이와 펜을 준비하고 한번 기록해 보자. 나는 오늘 무엇이 감사한가? 오늘 나는 나의 배우자에게 어떤 감사가 있는가? 큰 것이 아니라 작은 것부터 감사해 보자. 그리고 그 감사를 기록한 내용을 저녁에 배우자에게 읽어 주자. 쑥스러워하겠지만 반드시 기뻐하고 눈이 빛날 것이다.

부부는 서로를 바라보며 미소 짓고 웃으며 살아야 한다. 어떤 갈등이 있어도 그 갈등이 하루를 넘기지 않도록 서로 배려하며 살아가야 한다. 서로의 이야기를 경청하고 서로의 신발을 신어 보는 마음으로 이해하며 살아야 한다. 오늘이 우리에게 주어진 것에 감사하고 나의 남편이 되어 주고 나의 아내가 되어 준 것에 감사하며 매일 감사가 늘어 가는 부부들이 되었으면 좋겠다. 길지 않은 인생이다. 이 글을 부부가 같이 읽고 대화하며, 서로의 스트레스를 풀어 주는 의사들이 되었으면 좋겠다.

코치의 한마디

매일 웃고, 이해하고, 감사하며 살아가자.

인정과 칭찬을 하는
부부가 되어야 한다

　오래전에 읽은 책 중에『칭찬은 고래도 춤추게 한다』라는 책이 있다. 그 책은 미국의 켈리포니아주의 샌디에이고 해양 동물원인 '씨월드(Sea World)'의 큰 고래도 사육사가 칭찬을 할 때 춤춘다는 내용이다. 칭찬은 고래만 춤추게 하는 것이 아니다. 부부가 서로를 인정해 주고 칭찬해 줄 때 부부는 좋은 관계가 형성되고, 활력이 생기고 춤추게 된다.

　연인들은 연애 시절에 로맨스의 호르몬이 넘쳐서 같이 있는 것이 즐겁고, 시간 가는 줄 모르고 대화를 한다. 저녁이 늦어서 서로 헤어지고 나면 집에 돌아가서 전화기가 뜨거워질 때까지 밤을 새 가며 이야기하고 또 이야기를 한다. "나를 이렇게 좋아해 주는 사람이 있구나?" 하는 생각에 열정이 넘친다. 주변에 친구들이나 아는 사람들에게 자신이 사귀는 사람에 대해서 말해 보라고 하면 쉬지 않고 자랑을 한다. 나를 이처럼 사랑해 주고 인정해 주는 사람을 일평생 만난 적이 없었기 때문이다.

결혼을 하고 시간이 지나면서 부부는 자신도 모르게 뭔가 서운한 생각이 마음에 자리 잡을 때가 있다. 연애 시절 때의 열정적이었던 모습도 보이지 않는다. 연애 시절에는 장점만 보이고 나에게 가장 맞는 사람이라고 생각이 되어서 결혼을 했는데 결혼을 하고 나니 배우자의 단점이 보이기 시작한다. 그래서 부부는 서로의 단점을 끊임없이 지적하다가 섭섭하고 서운한 마음이 들기 시작한다. "치약을 쓸 때는 반드시 아래부터 짜 쓰세요." "밖에 나갔다 들어올 때는 항상 신발을 가지런히 정리해 두세요." "그 색깔의 바지를 입을 때는 꼭 이 색깔의 티셔츠를 입으세요." "그 머리 스타일은 당신에게 어울리지 않아요. 머리를 이렇게 다듬으세요." 등의 끊임없는 '잔소리 리스트'를 매일 들으면서 부부는 점차 더 깊은 스트레스와 갈등의 골을 만들어 간다.

사람들의 마음속에는 '인정의 저금통'이 있다. 누군가 인정해 주고 칭찬해 주면 사람들은 살맛이 난다. 사람은 자신의 안에 있는 '인정의 저금통'에 인정과 칭찬이 가득할 때 기쁨이 넘치기 때문이다. 연애 시절에 연애를 하면서 그렇게 열정적이었던 이유가 여기에 있다. 서로 "사랑한다."

라고 고백을 하고, "당신이 최고."라고 고백하며, "당신이 좋다."라고 인정해 주는 말이 '인정의 저금통'을 가득 채워 주었기 때문에 즐거움이 넘쳤던 것이다. 그러나 결혼 생활을 하면서 서로를 인정해 주고 칭찬해 주기보다는 배우자가 이런 것만 고치면 더 좋겠다는 생각에 서로의 단점을 고치려는 사명감(?)을 가지고 서로의 단점을 지적하다가 어느새 마음속의 '인정의 저금통'은 바닥이 나고, 배우자의 말은 나를 비난하는 소리로만 들리게 되는 것이다. 그렇다면 어떻게 하면 과거의 열정적인 관계로 돌아갈 수 있을까? 그것은 부부가 다시 서로를 인정해 주고 칭찬하기를 시작하는 것이다.

사람은 원래 잘 안 바뀐다. 누군가가 고치라고 해서 오래된 태도를 고치는 것은 정말로 어려운 일이다. 사람이 잘 안 바뀌는 것에는 여러 가지 이유가 있지만, 무엇보다도 평생을 그렇게 살아왔고 그것이 익숙하기 때문이다. 사람의 습관은 그 사람의 가치관에 근거하고 그 가치관은 쉽게 바뀌지 않는다. 그래서 배우자가 자꾸 자신의 어떤 부분을 고치라고 하면 마음이 편하지 않고 저항하려는 마음이 생기는 것이다. 부부가 이해해야 할 것은 배우자의 단점을 꼭 나쁘게 생각하지 말라는 것이다. 배우자는 이미 그 습관을 가지고 일평생을 살아왔고 배우자와 나는 다른 것이 많은 존재라는 것을 인식하는 것이 중요하다. 결혼은 무엇인가? 결혼은 배우자의 바뀔 모습과 하는 것이 아니다. 배우자의 있는 모습 그대로 결혼한 것이다. 배우자에게는 내 마음에 드는 부분도 있고 내 마음에 들지 않는 부분도 있을 것이다. 좋은 것은 좋은 대로 받아들이고 마음에 들지 않는 부분은 마음에 들지 않는 대로 인정하는 자세가 필요하다. 우리가 주목해야 할 부분은 배우자가 가지고 있는 약점이나 단점이 아니라 배우자가 가지고 있는 장점이다. 사람은 자신의 장점을 인정해 주고 칭찬해 주는 사람을 좋아한다. 배우자가 상대방의 장점을 인정해 주고 서로를 칭찬해 주면 자신도 모르게 그 사람에게 더욱 잘해 주려고 하는 마음이 생기게 된다.

예를 들어 보자. 겨울에 남편이 쓰레기 분리 수거하는 것을 도와주기를 원하는 아내는 먼저 남편의 장점을 들어서 인정해 주고, 칭찬을 많이 해 주어 남편의 마음의 '인정의 저금통'에 많은 잔고가 쌓이게 하고 난 다음에 먼산을 바라보면서 이야기하면 된다. "나는 당신이 가정적 이어서 너무 좋아! 당신처럼 나를 잘 도와주는 남편도 별로 없을 거야. 그런데 쓰레기 분리 수거하는 일도 당신이 도와주면 얼마나 좋을까? 추운 겨울에 쓰레기를 분리 수거하러 나가는 것은 정말 힘드네."라고 말을 하면, 그 순간 남편의 마음에는 두 가지 생각이 떠 오른다. 제일 먼저 떠오르는 생각은 이기적인 생각이다. 분리수거를 하라고? 겨울에? 나도 추운데?" 그런 생각과 다음에 다가오는 생각은 "그래. 나를 저렇게까지 인정해 주는데 분리수거 정도는 해 줄 수 있잖아?"라는 생각이다. 그 이후에도 남편의 마음에 '인정의 저금통'에 잔고가 충분하도록 아내가 계속해서 남편을 지지해 주고, 인정해 주고, 칭찬해 주면 어느 날 집의 쓰레기들은 아내도 모르는 사이에 분리수거장에 가 있게 된다. 밤 사이에 말없이 남편이 분리수거를 도와준 것이다. 쓰레기가 분리 수거된 것을 발견했을 때 아내가 할 것은 '오버 액션'을 하면서 남편을 또다시 인정해 주고, 쓰레기 분리수거를 도와주는 것에 대한 칭찬과 감사를 아끼지 않는 것이다. "난 당신이 나를 이렇게 도와주어서 참 행복해요, 고마워요." 그런 한마디의 칭찬이 남편을 춤추게 한다.

반대로 인정과 칭찬이 없는 부탁은 감동을 가져오지 못한다. '인정의 저금통'에 아무런 잔고도 없는데 배우자에게 부탁을 하면 거절의 대답밖에는 돌아올 것이 없다. 오늘부터 작은 인정, 작은 칭찬부터 시작해서 부부간에 서로가 '인정의 저금통'에 잔고를 높이고, 감동이 있는 부부가 되어 보자. 아침에 눈을 뜨면서부터 남편은 아내에게 칭찬으로 하루를 시작하자. "당신 오늘 얼굴색이 참 좋네." "당신 오늘 헤어 스타일이 참 멋있다."와 같은 말로 아내를 인정해 주자. 그러면 아내는 남편에게 "오늘도 좋은 날이 될 거야." "나는 당신이 가정적이어서 참 행복해."라는 말을 해 보자. 때로는 좀 오글거릴 수도 있지만, 이렇게 서로를 인정해 주고 칭찬해 줄 때 마음속의 '인정의 저금통'의 잔고는 점점 올라가게 되고, 감동이 있는 부부가 된다. 그렇게 살다 보면 때로는 조금 서운한 일도 있

고, 어려운 일이 있어도 그 서운함과 어려움을 넘길 수 있는 바탕이 마련
되는 것이다. 오늘부터 배우자를 인정해 주고 칭찬해 주자. 칭찬은 고래
만 춤추게 하는 것이 아니라, 부부도 춤추게 한다.

코치의 한마디

매일 배우자에게 서로 한번씩 칭찬을 하자.

배우자의 기질을 이해하는 부부가 되어야 한다

부부는 결혼 생활을 하면서 사소한 일에도 갈등하는 순간을 만날 때가 있다. 그런 갈등을 경험하면서 "우리 부부는 왜 이렇게 작은 일에도 갈등하는 것일까?" 하는 생각을 할 때가 있다. 사실은 우리 부부만 그런 것이 아니라, 대부분의 부부가 부부간의 갈등을 가지고 있다는 점을 알아야 한다. 어떤 사람은 이렇게 조언한다. "사랑이 있으니 갈등도 하지. 나이 들어 봐. 아예 무시하고 산다니까. 그래도 갈등한다는 것은 사랑이 남아 있다는 거야." 그런데 문제는 이 말이 부부간의 갈등 해결에 아무런 도움이 되지 않는 조언이라는 사실이다. 무엇이 문제일까? 부부가 사소한 일에도 갈등하는 이유가 무엇이고 그 해결책은 무엇일까?

사람들은 태어나면서부터 그 사람만이 가지는 독특한 특성을 가지고 태어난다. 우리는 그것을 '기질'이라고 부른다. 사람들의 기질을 검사하는 설문지 가운데 마이어스-브릭스 유형 지표(MBTI)라는 것이 있다. 이 지표는 'C. G. 융'의 '심리 유형론'을 근거로 하여 만든 지표인데, 이 지표에 보면 사람들이 가진 기질이 얼마나 다양한가를 알 수 있다. 이 지표를 긍정적으로 평가하는 사람들도 있고 부정적으로 보는 사람들도 있지만, 적어도 사람들의 기질의 다양성을 설명하는 데 좋은 지표가 되기 때문에 이 지표에 근거하여 부부의 기질의 차이에 대하여 간략하게 나누어 보고자 한다.

사람들은 외향적인 사람과 내향적인 사람이 있다

외향적인 사람은 밖에 나가서 활동하고 사람들과 만날 때 에너지가 생긴다. 그러나 그와는 반대인 사람이 있다. 내향적인 사람이다. 이 사람은 밖으로 나가 활동을 하고 사람을 만나기보다는 혼자 있을 때 에너지가 생긴다. 예를 들어 남편은 내향적인 사람이고 아내는 외향적인 사람이라고 생각해 보자. 쉬는 날이면 남편은 한 주 동안 바깥에서 에너지를 쓰고 휴일에는 집에서 쉬면서 에너지를 충전하려고 한다. 그래서 휴일이 되면 좀처럼 집에서 나가려고 하지 않는다. 주로 TV 앞의 소파에 길게 누워서 시간을 보낸다. 휴대폰을 충전하듯이 충전을 하고 있는 것이다. 그런데 아내는 외향적인 사람이기 때문에 휴일에 남편과 아이들과 같이 외출도 하고, 놀이 공원도 가고, 맛집도 가고 싶어 한다. 남편은 그런 아내에게 제발 휴일은 집에서 쉬자고 말하고 아내는 휴일만이라도 같이 나가서 시간을 보내자고 말한다. 이러니 갈등이 생길 수밖에 없다. 부부간의 외향성과 내향성이라는 다른 기질이 부부를 갈등으로 몰아가는 첫 번째 요인이다.

삶에 다가오는 일에 대하여
어떻게 인식을 하는가에 따른 기질의 차이가 있다

어떤 사람은 일이 생겼을 때 현실적인 인식을 하는 사람이 있는가 하면 어떤 사람은 직관적인 인식을 하는 사람이 있다. 현실적인 인식을 하는 사람은 현실적이고 실용적인 것에 초점을 맞추고 이미 일어난 일들에 대하여 관심을 가진다. 그와는 반대로 직관적인 인식을 하는 사람은 상상력이 풍부하고 앞으로 일어날 일에 대하여, 미래에 대하여 관심을 가진다. 예를 들면 남편은 현실적인 인식을 하는 사람이고 아내는 직관적인 인식을 하는 사람이라면, 문제를 만났을 때 남편은 지금 문제에 대하여 현실적인 대안을 찾으려고 하고 아내는 아직 다가오지 않았지만 이 문제를 통하여 앞으로 미래에 어떤 일이 있을 것인가를 생각하고 문제에 대처하고자 한다. 서로 문제에 대하여 대처하는 방식이 다르기 때문에 이러한 인식의 차이로 인하여 갈등이 생기기도 한다. 예를 들어 부부가 같이 자영업을 한다고 생각해 보자. 사업 운영에 있어서 남편은 늘 현실적인 문제에 초점을 맞추자고 하고, 아내는 그것도 중요하지만 미래를 보아야 한다고 주장하기 때문에 매일 갈등의 요소에 노출되어 있는 것이다. 이러한 인식의 차이가 부부를 갈등으로 몰아가는 두 번째 요인이다.

사고방식에 있어서도 기질의 차이가 있다

이성적 중심의 사고를 하는 사람이 있고 감정적 중심의 사고를 하는 사람이 있다. 이성적 중심의 사고를 하는 사람은 논리적이며 객관적인 사실을 중심으로 사고를 한다. 이런 사람은 논리적이지 않거나 객관적이지 않으면 어떤 이야기를 들을 때 그 이야기를 받아들이기를 힘들어한다.

감정적 중심의 사고를 하는 사람은 이성이나 논리 중심이 아니라 자신의 감정과 마음의 소리에 귀를 기울이고 느낌을 중요시 여긴다. 예를 들면 남편은 이성적 중심의 사고를 하고, 아내는 감정 중심의 사고를 하는 사람이라고 생각해 보자. 전문 투자 상담사에게서 어떤 새로운 투자 제안을 받았는데 남편은 그 사람이 제시하고 있는 자료에 근거하여 이성적이고 논리적인 접근을 한다. 제안을 받아 보니 논리적으로 문제가 없다고 투자를 하려고 한다. 그러나 아내는 그 문제에 대하여 이성이나 논리적인 접근보다는 그 투자를 제시하는 사람에 대하여 느낌이 좋지 않다고 그 투자는 하지 않는 것이 좋겠다고 이야기한다. 남편은 그 사람이 느낌이 어떠했든지 중요한 것은 그 사람이 가지고 있는 수익률과 같은 논리적인 자료가 중요하다고 말하고, 아내는 그 사람이 느낌이 좋지 않기 때문에 그 사람이 제시하는 자료를 믿을 수 없다고 이야기한다. 사고방식의 스타일이 다르기 때문에 부부는 같은 사건을 보아도 다른 이야기를 하고 있으니 갈등이 계속되는 것이다. 이러한 사고방식의 차이가 부부를 갈등으로 몰아가는 세 번째 요인이다.

생활 양식에 따른 기질의 차이가 있다

어떤 일을 할 때 계획적인 방식으로 접근하는 사람이 있는가 하면 즉흥적으로 접근하는 사람이 있다. 계획적인 방식으로 살아가는 사람은 규칙을 정하고 그것을 따라서 해야 마음이 안정되고 편하다. 자신이 정한 룰을 꼭 지켜야 하는 완벽주의적인 경향을 가지고 있기도 하다. 그와는 반대로 즉흥적인 생활 양식을 가진 사람은 규칙에 의해서 살기보다는 즉흥적인 결정을 잘한다. 예를 들어 남편은 즉흥적인 생활 양식을 가지고 있고 아내는 계획적인 생활 양식을 가지고 있다고 생각해 보자. 부부가 2박 3일간 동해안 여행을 가기로 결정했다.

스트레스도 풀고 부부간의 관계를 더욱 친밀하게 하기 위해서 여행을 계획한 것이다. 그런데 남편은 즉흥적인 생활 양식을 가지고 있기 때문에 여행을 하면서 배가 고프면 어디든지 들러서 밥을 먹고, 좋은 곳에서는 시간을 좀 더 많이 갖는 자유로운 여행을 원한다. 그러나 아내는 계획적이고 완벽한 생활 양식을 원하기 때문에 여행 계획표가 먼저 나와야 한다. 어디서 밥을 먹고, 잠은 어디서 자고, 전체적인 경비는 얼마가 들어가고 이런 스케줄이 있어야 마음이 편하다. 이런 생활 양식의 차이로 인하여 남편과 아내는 갈등하게 된다. 남편은 아내에게 "여행까지 가서 꼭 짜인 스케줄 때문에 스트레스 받지 말고 좀 여유 있게 여행을 하자."라고 이야기한다. 그러나 아내는 "그렇게 되면 시간도 낭비가 되고 경제적으로도 낭비가 될 수 있으니 여행 스케줄을 짜서 그것에 맞추어서 여행을 하자."라고 말한다. 그래서 부부는 여행을 떠나기도 전에 갈등이 시작되고 여행 내내 남편과 아내는 마음이 편하지 않다. 쉬려고 떠난 여행인데 집에 돌아올 때는 부부간의 갈등으로 마음이 편하지 않은 것이다. 문제는 이런 일들이 계속해서 반복되고 있다는 점이다. 이런 생활 양식의 차이가 부부를 갈등으로 몰아가는 요인이 된다.

부부는 갈등이 생기면 "우리 부부는 성격의 차이가 크다."라고 말한다. 그러나 엄밀히 말하면 성격의 차이가 아니라, 부부가 가지고 있는 '기질의 차이'라고 하는 것이 더 맞다. 결혼하기 전에 서로의 기질의 차이를 확인해 보고, 서로의 기질이 비슷한 사람끼리 결혼을 하는 것이 좋다. 그러나 이미 결혼을 했고, 부부의 기질의 차이가 크다면 그 기질의 차이를 극복하는 길로 나가야 한다.

기질의 차이를 극복하기 위해서는 배우자의 기질이 나와 다른 것이 자연스러운 일이라는 것을 인정하는 것이 중요하다. 모든 사람은 각자 다르게 태어나기 때문이다. 내향적인 배우자를 둔 아내는 "남편이 나와는 다르게 내향적이어서 휴일에 집에 있기를 원하는구나."라는 생각을 하고 남편과 대화를 시작해야 한다. "당신이 내향적이어서 매주 휴일에 집에서 쉬는 것을 좋아하지만, 그렇게 되면 우리가 아이들에게 좋은 추억을 만들어 주기가 어려우니 당신이 좀 힘들더라도 같이 나가서 아이들과 같이 놀아 주면 어떨까?"라고 남편을 설득하는 것이 필요하다. 이와 함께 남편은 자신의 약한 기질인 외향적인 부분을 의도적으로 발전시키려는 노력이 필요하다. 싫더라도 남편은 아내와 아이들과 같이 외출하는 것을 시도해 보는 것이다. 부부의 다른 기질도 이와 같이 서로의 기질의 차이를 이해하고 서로의 기질이 다른 점을 인정해 주고 서로 자신의 기질의 약한 부분을 상대 배우자에게 맞추어 발전시키려는 시도가 중요하다. 부부는 서로의 기질의 차이를 인정해 주며 서로가 중간 지점으로 다가가려는 노력이 필요하다. 완벽을 요구하는 사람은 조금 덜 완벽해도 아무런 일이 생기지 않는다는 것을 이해할 필요가 있고, 즉흥적인 행동을 하는 사람은 좀 더 계획을 세워서 배우자가 편한 마음을 가지도록 하는 것이 중요하다. 부부는 서로의 기질에 자신의 기질을 맞추기 위해서 노력을 해야 한다.

기질이 서로 잘 맞는 부부는 그리 많지 않다. 그러나 세월에는 놀라운 지혜가 들어 있다. 젊은 시절에는 부부가 기질의 차이에서 오는 갈등을 힘들어하지만 세월이 지나면서 서로의 기질의 차이에 대하여 눈을 뜨는 부부들이 많이 있다. "내 배우자가 내가 싫어서 나와 갈등을 하는 것이 아니라, 나와 기질이 달라서 갈등을 하는구나."라는 사실을 깨닫게 되는 것이다. 오랜 부부 생활 가운데 갈등을 하다 보니 득도의 경지(?)에 도달하는 것이다. 그래서 어떤 부부는 서로에게 맞추어 주며 상대의 기질을 존중해 주며 서로의 입장에 좀 더 다가가려는 노력을 하는 것이다. 내가 가지고 있지 않은 배우자의 기질을 이해하려고 노력하면서 배우자에게 맞추어 주려는 노력을 하게 되는 것이다.

　기질의 차이 때문에 갈등하고 있는 부부는 이 글을 남편과 아내가 서로 같이 읽어 보고 서로의 기질의 차이를 살펴보고 있는 모습 그대로 부부의 기질을 받아주고 이해하며 배우자의 기질에 내가 조금씩 맞추어 가려는 노력을 기울여 보자. 나를 못살게 굴려고 나의 배우자가 일부러 내가 싫어하는 행동을 하는 것이 아님을 이해하는 것이 부부간의 갈등 해결의 첫걸음을 떼는 것이다.

코치의 한마디

부부는 서로의 기질의 차이를 인정하자.

부부는 서로 의사가 되고
환자가 되어야 한다

　사람들은 자신이 결혼하려는 사람이 자신을 사랑하고 자기와 잘 맞는 사람이라고 생각하고 결혼을 한다. 그러나 배우자가 자신과 잘 맞는 부분이 있는가 하면 자신과 잘 맞지 않는 부분도 있다는 것을 이해해야 한다. 사람들은 결혼하기 전에는 자신과 잘 맞는 부분에서는 안정감을 느끼고 자신과 다른 부분에서는 매력을 느낀다. 그러나 나와 다른 부분이 결혼 생활 속에서 내게 큰 아픔을 주는 부분이 되는데, 사람들은 사랑에 빠지면 내가 보고 싶은 것만 보고 모든 것이 다 잘될 것이라는 환상을 갖고 결혼을 한다. 결혼 후 시간이 지나고 나면 사람들은 자기가 만나서 결혼한 배우자가 결국 자기가 알던 사람이 아니라고 말한다. 환상에서 깨어나는 것이다.

사람들은 사랑에 빠질 때 둘이 하나가 되는 것 같은 마음을 느낀다. 그래서 같이 쇼핑도 하고 영화도 보고 음식도 먹는다. 쉽게 서로에게 동의한다. 그러나 문제는 이런 느낌이 그리 오래가지 않는다는 것이다. 자신이 받아들일 수 없는 부분들이 점점 보이기 시작하고 그래서 자신도 모르게 힘겨루기를 하고 갈등을 경험하게 되는 것이다.

어떤 부부의 이야기이다. 남편이 일하러 갈 준비를 하는 동안 아내가 남편에게 가정에 대한 중요한 이야기를 했다. 그러나 남편은 일하러 가는 것에 집중되어 있어서 아내에게 아무런 반응을 보이지 않았다. 아내는 남편의 무반응에 상처를 받았다. 아내는 마음에 고통을 느끼며 남편이 왜 자신을 무시하고 자신의 말에 경청을 하지 않는가 생각하며 옛날에 자신에게 자상하게 대해 주던 남편은 어디 갔냐고 말한다. 그 순간 아내에게는 어린 시절에 받았던 버림받은 아픔이 올라온다. 아내는 남편이 자신에게 경청하지 않는 반응에 대하여 소리를 지르며 분노할 수도 있고 움츠러들어 말을 하는 것을 멈추고 더 이상 대화를 하지 않으려고 할 수도 있다.

남편과 아내는 서로를 지적하고 비난하기 전에 먼저 알아야 할 것이 있다. 사람들은 어린 시절부터 격려와 칭찬 속에서 자란 사람이 있는가 하면 어린 시절부터 마음에 심한 상처를 받고 자란 사람들도 있다는 것이다. 어려서부터 가정에서 부모로부터 인정과 칭찬과 사랑을 받고 자란 사람은 긍정적인 자아상을 가지고 성장해서 어른이 되어서도 인간관계에 있어서 큰 어려움을 갖지 않는다. 그러나 어려서부터 부모에게 인정과 사랑과 칭찬을 받지 못했거나 부모가 다른 형제를 편애하거나 비교하는 말을 듣고 자랐거나 성장기에 친구들 이웃들로부터 인정을 받지 못했던 사람은 부정적인 자아상을 가지게 되어 어른이 되어서도 마음속에 상한 마음을 숨기고 살아간다.

부부는 자신이 지나온 어린 시절의 상처받았던 이야기를 서로 나눌 필요가 있다. 그럴 때 상대방을 더욱 이해하게 되고 서로의 아픔을 감싸 안아 줄 수 있는 이해의 바탕이 생기는 것이다. 부부는 상대방이 방어를 풀 수 있도록 해야 한다. 상대방의 방어를 풀게 하려면 상대방을 공격하는 어투로 다가가는 것이 아니라 부드럽게 다가가야 한다. 처음에는 부드럽게 다가가도 상대방은 쉽게 방어막을 풀지 않는다. 그러나 끈기를 가지고 계속해서 부드럽게 대화를 하다 보면, 상대방도 "이제는 방어를 내려놓아도 좋겠구나." 안심을 하면서 방어를 내려놓게 되고 부부간에 부드러운 관계가 형성되게 된다.

부부는 서로 의사가 되고 환자가 되어야 한다. 남편이 감정적으로 어려움이 있으면 아내가 의사가 되어 남편의 이야기를 들어주고 아내가 감정적인 어려움으로 고통을 받으면 남편이 의사가 되어 아내의 이야기를 경청해 주어야 한다. 부부간에 서로의 이야기를 제대로 들어만 주어도 많은 치유가 일어난다.

코치의 한마디

배우자가 마음이 힘들어할 때 의사가 되어 들어 주자.

행복한 부부가 되자

하버드 대학교의 '탈 벤 샤하르' 교수는 『해피어(Happier)』라는 책에서 우리가 어떻게 하면 행복할 수 있는가를 소개한바 있다. 그는 행복의 비결을 여섯 가지로 소개하고 있다. 그의 이야기를 중심으로 어떻게 하면 행복한 부부가 될 수 있는가를 생각해 보고자 한다.

모든 감정을 있는 그대로 인정할 때 행복을 경험하게 된다

우리에게 다가오는 두려움, 슬픔, 불안과 같은 부정적인 감정들을 거부하지 말고 자연스럽게 우리의 삶의 일부로 받아들이라는 것이다. 우리는 이런 감정들을 삶의 한 부분으로 받아들이고 그런 감정들이 어디서 출발했는지 찾아보아야 한다. 열등감은 자신을 누군가와 끊임없이 비교하며 자신이 무가치한 사람이라는 생각을 갖고 살게 하는 감정이다. 열등감이 심한 사람은 자신의 열등감의 감정을 인정하지 않고 자신을 뭔가로 포장하려고 한다. 열등감이 심한 사람은 친구가 좋은 집을 사면 자신도 사야 한다. 친구가 명품 가방을 사면 자신도 사야 한다. 친구가 해외여행을 한다고 하면 자신도 가야 한다. 열등감이 심한 사람은 자신이 그런 이유가 열등감 때문이라는 사실을 인정하고 내가 뭔가를 소유하고 어떤 일을 이루어서 내가 가치 있는 사람이 되는 것이 아니라 이미 나 자신이 명품이고 나의 있는 모습 그대로 가치 있는 존재라는 사실을 알아야 한다.

행복은 즐거움과 의미가 만나는 곳에 있다

우리는 살아가면서 즐거운 것과 의미가 있는 일을 하며 사는 것에서 행복을 느낀다. 즐거움은 주지만 의미가 없는 일도 있고 의미는 있지만 즐거움은 없는 일도 있다. 직장 생활을 하더라도 즐거움과 의미를 주는 일을 하고 사회에서 봉사를 하더라도 즐거움과 의미를 주는 일을 할 때 행복해질 수 있는 것이다. 우리는 평생을 일을 하면서 살아간다. 어떤 일이 나에게 즐거움을 주며 어떤 일이 나에게 의미를 줄 수 있는가를 심각하게 생각해 볼 일이다.

행복은 사회적 지위나 통장 잔고가 아닌 마음먹기에 달려 있다

사람들은 사회적으로 높은 지위와 명예를 가지고 있고 많은 부를 쌓아야만 행복해질 것이라고 생각한다. 실제로 높은 지위를 가지고 있고 돈도 많이 가지고 있지만 행복하지 않은 사람들도 많이 있다. 행복은 우리가 얼마나 많은 것을 이루었으며 얼마나 많은 것을 소유하고 있는가에 비례하지 않는다. 어떤 사람들은 행복을 영원한 미래로 미루고 산다. "나는 10년 후면 행복해질 거야." "나는 은퇴 후에는 행복하게 살 거야." 그런 생각을 하고 살아가는 사람들이 있다. 지금은 어떤가? 지금은 행복하지 않아도 되나? 행복은 마음먹기에 달렸다. 오늘이 행복의 날이라고 생각하자. 미래는 오늘이 쌓여서 만들어지는 것이라는 사실을 기억하자. 부부간에 우리는 행복한 부부라고 생각하고 고백하고 살아갈 때 행복한 부부가 되는 것이다.

행복은 단순한 삶에서 온다

사람들은 바쁘게 사는 경우가 많다. 어떤 사람들의 인사를 들어 보면, "바쁘시죠?" 그러면 "네, 바빠요!"라는 말이 인사이다. 왜 그리 바쁘게 사는가? 꿈꾸는 목표를 이루기 위해서이다. 사람들은 꿈을 이루기 위해서 아침 이른 시간부터 저녁 늦은 시간까지 바쁘게 살아간다. 너무 바빠서 아이들과 놀아 줄 시간도 없고, 남편과 아내가 대화할 시간도 없다. 그렇게 바쁘게 살지 않아도 된다. 삶을 단순하게 바라보자. 아이들 하고 놀아 주어도, 배우자와 시간을 보내도 시간 낭비가 아니라는 것을 알아야 한다. 그것이 인생에 있어서 행복의 순간이라는 것을 알아야 한다. 스스로를 자신이 세운 목표에 얽어 매고 모든 것을 바쁨에 희생하고, 무조건 빨리 달려가려고만 하지 말자. 의외로 행복은 내가 이룬 무엇에서 다가오는 것이 아니라 아이들과 놀아 주고 있는 그 순간에 다가오고, 배우자와 시간을 보내며 따뜻한 커피 한 잔을 마시는 순간 옆에 다가와서 미소 짓고 있다. 빨리 달려가다 보면 결국은 죽음의 날이 빨리 다가올 뿐이다.

행복은 적절한 쉼, 수면에서 온다

몸과 마음이 하나라는 것을 기억하자. 우리가 몸을 어떻게 다루는가에 따라서 마음도 영향을 받는다. 충분히 쉬고 수면을 취하는 것이 필요하다. 사람들은 잠을 충분히 자지 않으면 마음에도 영향을 끼쳐서 마음이 불안해지고 안정이 깨지며 스트레스 속에서 살게 된다. 마음이 불안해지고 염려가 항상 지속되면 자신도 모르게 몸이 상한다. 스트레스를 풀지 않고 계속해서 가지고 있으면 위장 장애가 오고, 두통이 일어나는 것과 같은 것이다. 그래서 우리는 쉬고 적절하게 자며 놀아야 할 필요가 있다. 놀이는 아이들만을 위한 전유물이 아니다. 어른들도 때로 건전한 놀이가 필요하다. 그것이 몸과 마음에 평안을 주고 행복감을 갖게 해 준다.

행복은 감사를 표현하는 것에서 온다

감사는 우리를 행복으로 이끄는 중요한 요소이다. 미국에서는 식당이나 쇼핑센터에서 먼저 문으로 들어가는 사람이 뒤에 오는 사람을 위하여 문을 잡아 주는 것이 에티켓이다. 그러면 뒤에 들어오는 사람은 '감사하다.'라고 말하며 서로가 미소를 나눈다. 그 순간 사람들은 작은 행복을 느낀다. 우리도 매일 감사를 표현하고 사는가? 미국의 유명한 예능인 '오프라 윈프리'는 매일 감사 노트 쓰기를 한다고 한다. 사실 오프라 윈프리는 불우한 청소년기를 보낸 사람이다. 그러나 그 여인은 자신의 삶에 있었던 일에 대하여 원망과 불평을 하고 사는 대신에 감사하고 살기로 결단했다. 그녀가 감사하기로 결단하고 매일 감사하고 살 때 그녀의 삶은 행복하게 변화되었다고 한다.

행복은 멀리 있는 것도 아니고, 미래에만 주어지는 것이 아니다. 행복은 우리가 무언가를 이루거나 많은 것을 소유해야만 가질 수 있는 것도 아니다. 행복은 오늘 우리 곁에 와 있다. 우리의 매일의 삶 가운데 이런 행복을 느끼며 살아가자. 배우자에게 감사를 표현해 보자. 거기서 행복이 시작된다.

코치의 한마디

행복은 단순한 곳에서 온다. 매일 감사하며 살아가자.

3부

부부의 마음의 치유 코칭

거절감을 치유하는
부부가 되어야 한다

부부가 겉으로 보기에는 아무런 문제가 없어 보이고 행복해 보이지만 실상은 어린 시절부터 이미 마음속에 상한 마음이 형성되어 있어서 속상한 마음을 가지고 살아가는 경우가 많이 있다. 이미 이런 상한 마음을 가진 상태에서 결혼을 했기 때문에 배우자가 무심코 던진 말 한마디에서 갈등이 시작되게 되고 관계가 깨어지는 아픔을 경험하게 된다. 배우자와의 사랑을 회복하고 부드러운 관계를 유지하려면 배우자의 마음속에 상한 마음이 존재한다는 것을 알아야 한다. 배우자가 어린 시절부터 가지고 있었던 상한 마음을 이해하지 않고는 아무리 오랜 시간 동안 연애를 하고 결혼을 했어도 배우자를 제대로 알고 있는 것이 아니다. 배우자가 어려서부터 어떤 거절감을 가지고 살았는지 이해해야 한다.

거절감이란 '인정받지 못하고 거절 받은 상한 감정'을 의미한다. 사람들의 상한 마음 중에 가장 큰 영향을 미치는 것이 거절감이다. 어려서부터 주변의 사람들로부터 인정받지 못하고 거절을 당할 때 사람들의 마음속에는 거절감이 생긴다. 부모님, 선생님, 친구들과 같은 사람들이 인정해 주고, 사랑해 주기보다는 무시하고 다른 사람을 편애하고 거절함으로 마음속에 버림받은 마음을 안고 살아온 것이다.

대부분의 사람들은 어렸을 때 받았던 거절감을 마음의 방에 깊이 넣어 두고 문을 단단히 닫아 둔다. 그리고 잊어버리려고 애쓴다. 성인이 되어서 배우자를 만나 사랑에 빠지고 결혼을 한다. 나의 배우자는 부모나 형제나 친구가 나를 거절한 것같이 나를 거절하지 않고 나를 사랑해 줄 것이라는 생각을 가지고 결혼한다. 허니문의 시간이 지나고 배우자에게서도 어느 순간 거절감을 경험하게 된다. 배우자의 말에서 어린 시절에 받았던 거절감의 상처가 되살아난다. 배우자에게 섭섭한 마음이 들면서 자신도 모르게 어린 시절에 닫아 두었던 상처받은 마음의 방문이 열리면서 숨겨 두었던 수많은 상한 감정들이 솟구쳐 올라온다. 그래서 배우자에게 분노하게 된다. 행복했던 결혼 생활이 지옥으로 변하는 순간이다. 부부 싸움을 하고 시간이 지나서 돌아보면 "그렇게 화를 낼 일이 아니었는데 왜 그랬을까?" 하는 생각을 하게 된다. 어떤 때는 배우자나 자신 안에 괴물이 살아 있는 것 같아서 놀란다.

한 가정의 이야기이다. 남편은 평소에는 말수도 많지 않고 조용한 성격의 사람이었다. 그런데 언제부터인지 직장에서 관계의 어려움이 생기고 나서 술을 먹고 귀가하는 날이 잦아졌다. 남편은 술만 먹고 들어오면 집에 와서 물건을 부수고 아내를 때리는 사람으로 돌변했다. 아내는 평소에는 조용한 성격을 가진 남편이 술만 먹으면 그렇게 변하는 것이 이해가 되지 않았다. 반복되는 사건 속에서 견디다 못해, 남편과 아내가 상담실을 찾았다. 부부의 어린 시절 이야기를 들어 보니, 남편은 어려서부터 아버지의 폭력에 노출되어 살아온 사람이었다. 아버지가 술만 마시고 들어오면 집에 와서 어머니를 때리고 말리는 자신을 때려서 분노를 가슴에 안고 살았던 사람이었다. 자신은 절대로 결혼을 하면 술을 마시고 아내와 아이들을 때리지 않겠다고 결심했는데 자신이 그런 삶을 사는 사람이 되어 버린 것이다. 어린 시절에 받은 거절감이 그래서 무섭다. 치유되지 않은 거절감은 가정에 또 다른 깊은 상처를 대대로 만들어 간다.

부부는 서로가 마음속에 어떤 거절감을 가지고 살아왔는지 대화할 필요가 있다. 배우자가 서로의 상한 마음을 고백하고 자신이 살아오면서 가슴 아팠던 상처를 서로 이야기할 때 치유가 시작되며 자신도 모르게 말로 배우자의 아픈 부분을 찔러 아픔을 주는 일을 피할 수 있게 되고 배우자를 이해하고 아픔을 감싸 안아 주어 상처 난 거절감을 치유할 수 있게 된다.

코치의 한마디

배우자를 거절감의 원인을 알고 사랑으로 품어
주자.

분노를 치유하는
부부가 되어야 한다

사랑해서 결혼을 했는데 왜 부부간에 갈등이 있고 분노하게 되는 것일까? 그것은 부부의 마음속에 분노를 일으키는 마음이 있기 때문이다. 어려서부터 부모나 이웃에게서 받았던 상처나 부모의 부부 싸움을 통한 가정 폭력, 친구들의 왕따 등으로 인하여 무의식 중에 분노하던 것이 학습되어서 성인이 되어 자신도 모르게 분노하여 배우자에게 상처를 주며 자녀들에게 분노를 쏟아 내게 된다.

사람들에게는 여러 감정이 있다. 기쁨과 슬픔과 같은 감정처럼 분노도 일반적인 감정이다. 마땅히 분노해야 할 상황에서 분노를 하는 것은 적절한 것이다. 지하철에서 청년이 노인을 때리는 것을 보았다면 누구나 분노를 느낄 것이다. 그것은 적절한 분노이다. 그러나 적절하지 않은 분노도 있다. 사람들에게는 분노를 제어하는 브레이크가 있는데 분노의 감정에 문제가 생긴 사람은 분노할 일이 있을 때 그 분노를 제어하지 못하여 주변의 사람들에게 큰 고통을 주며 살게 된다.

미국의 마블(Marvel) 영화사에서 나오는 영화 가운데 '헐크'가 그 대표적인 경우라고 할 수 있다. 누군가 그를 분노하게 하면 '헐크'는 밀려오는 분노를 제어하지 못하고 온몸이 부풀어 올라 큰 초록색 괴물로 변한다. 사실 그런 초록색 괴물은 영화에만 있는 것이 아니다. 우리 주변에도 분노의 감정을 주체하지 못하여 사람들에게 상처를 주고 큰 아픔을 주고 살아가는 사람들이 많이 있다. 혼자서 그런 분노를 안고 살아가는 것도 문제지만 배우자가 있고 자녀가 있는 경우 문제는 더 심각해진다. 분노가 있는 사람은 일평생 배우자와 자녀에게 자신의 분노를 쏟고 살기 때문에 자신도 괴롭고 배우자와 자녀는 더욱 큰 괴로움 속에서 하루하루를 살아가고 있다.

분노가 치유되어야 하는 이유는 분노는 무서운 결과를 가져오기 때문이다. 분노는 자신과 다른 사람에게 큰 해를 끼친다. TV 뉴스를 보면 분노하여 난폭하게 운전을 하고, 다른 운전자에게 위협을 하는 사람들의 이야기를 접하게 된다. 인생을 살아가면서 이런 사람들을 만난다는 것은 생각만 해도 가슴 철렁한 일이다.

분노로 인하여 자신도 고통을 받고 다른 사람에게도 고통을 주며 평생을 살았던 한 분이 있다. 그분은 늘 분노를 가지고 살아가는 중년 여성이다. 보통 사람이 분노의 감정을 1부터 10 사이의 숫자를 기준으로 평소에 1에서 2를 가지고 산다고 가정한다면 그분은 늘 7이나 8로 항상 분노할 준비가 되어 있는 사람이었다. 어른이 되면서 주변 사람이 자신에 마음에 들지 않는 말이나 행동을 하면 쉽게 분노를 폭발했다. 그러다 보니 주변에 사람들이 하나둘 떠나갔고 외롭게 살아가고 있었다. 친구도 없고 자신과 대화를 나누기 원하는 사람들도 없었다. 그분은 자신이 왜 그렇게 분노하고 고통을 받고 살아가는지 원인을 알지 못하고 있었다. 돌아보면 자신은 늘 화가 나 있는 상태였다고 한다. 대화를 하는 가운데 그분의 마음속의 분노의 원인이 그분의 아버지인 것을 알게 되었다. 그분의 말에 의하면 "어려서부터 아버지는 작은 잘못만 해도 쉽게 화를 내고 매질을 했다."라는 것이다. 그분은 눈물을 흘리며, "어린 시절에 아버지가 너무나 미웠다."라고 말했다.

생각해 보자, 자신을 사랑으로 양육해야 할 아버지가 자신에게 폭력을 행할 때 어떤 감정이 들었을까? 마음속에 심각한 상처를 받았을 것이다. 아버지에게 인정받고 사랑받고 싶었던 딸이 아버지에게 무시당하고 맞으며 성장할 때 아버지를 향한 미운 마음과 이루 말할 수 없는 분노가 형성되었고 그분은 어른이 되면서 성난 맹수가 되어 주변의 사람들에게 분노를 표출하고 살았던 것이다.

부모나 주변의 사람들에게서 말과 행동으로 폭력을 당하고 살아온 어떤 사람들은 아예 결혼을 하지 않으려는 사람들도 있다. 자신이 만나서 살아갈 배우자가 자신에게 폭력을 행사하지 않을 것이라는 확신이 없기 때문이다. 그러나 좋은 배우자를 만나서 결혼을 했지만, 마음에 있는 분노 때문에 배우자를 사랑하면서도 자신도 모르게 배우자에게 분노를 퍼부으며 살아가는 사람도 있다. 마음속으로는 사랑을 나누고 살고 싶지만 행동은 분노를 표출하고 살아가는 것이다. 왜 그럴까? 어려서부터 적절하게 사랑을 표현하는 방법을 배우지 못했기 때문이며 분노가 늘 마음에 깔려 있기 때문이다. 그래서 분노의 감정은 치유되어야만 한다.

분노의 감정을 어떻게 치유하면 좋을까? 먼저 분노를 일으키는 원인을 발견해야 한다. 마음속에 있는 상한 마음의 원인을 발견하기 위해서는 부부간에 마음을 열고 자신의 상한 마음을 나누는 것이 좋다. 여기서 하나의 전제 조건이 있는데 배우자가 자신의 어린 시절부터 있었던 상한 마음을 고백할 때 그것에 대하여 평가하려고 하지 말라는 것이다. 있는 그대로 받아들여 주고, "그런 일이 있었구나. 많이 힘들었겠다."와 같은 말을 해 주면 마음을 여는 데 도움이 된다. 이때 배우자가 고백한 이야기를 나중에 배우자를 공격할 자료로 삼지 말아야 한다.

부부간에 이런 대화의 시간이 필요한 이유는 나의 배우자가 나를 사랑함에도 불구하고 무엇 때문에 분노의 감정에 사로잡혀 나를 괴롭게 했는지 이해할 수 있는 중요한 단서가 되기 때문이다. 사람들은 이해가 되어야 용서를 시작할 수 있기 때문에 배우자에 대한 이해는 중요하다. 사람들은 자신의 이야기를 고백하면서 자신의 상한 마음의 원인을 발견하게 되고, 자신을 인정해 주는 배우자를 통하여 마음에 안정을 찾아가게 된다. 어려서 부모에게서 무시를 당하고 편애 속에서 억울한 감정을 느끼며 살았던 기억은 없는지, 친구들에게 따돌림을 받고 살아서 마음속에 분노를 가지고 살았던 기억은 없는지 부부는 서로가 대화를 통하여 마음에 아픈 부분을 감싸 안아 주어야 한다.

코치의 한마디

배우자에게 어려서 어떤 상한 마음이 있었는지
분노의 원인이 무엇인지 들어주자.

열등감을 치유하는 부부가 되어야 한다

부부들과 대화를 해 보면 열등감을 가지고 살아가는 사람들이 꽤 많은 것을 볼 수 있다. 열등감은 어려서부터 편애와 비교가 심한 가정에서 자랐거나 충분한 인정과 사랑을 받지 못한 경우, 부모의 이혼, 성장기에 다른 사람과 자신을 비교할 때 만족할 만하지 않을 때 마음에 형성되기 쉽다.

열등감을 가진 사람은 결단력 있게 일을 처리하기보다는 자신은 제대로 할 수 있는 능력이 없다고 스스로 생각하여, 매사에 소극적인 태도를 가지고 살기 쉽다. 다른 사람의 말을 쉽게 오해하고 섭섭해하며 자신의 열등감을 감추기 위해서 이해가 되지 않는 행동을 하기도 한다. 부부는 서로가 열등감의 원인에 대하여 이야기하고 배우자의 가치를 인정해 줄

때 열등감에서 벗어나 자유로운 삶을 살 수 있게 된다. 어떻게 하면 열등
감에서 자유로울 수 있을까?

열등감의 원인을 파악하자

열등감은 왜 생기게 되었을까? 어려서부터 열등감을 가지도록 외부에
서 메시지를 받았기 때문이다. 외부에서 누군가 계속해서 지적을 해서
열등감이 형성되었을 수도 있다. 어떤 친척은 만나기만 하면 "너는 왜 그
렇게 키가 작니?" "너는 몸매가 너무 뚱뚱하구나." "너는 왜 그렇게 공부
를 못하니?"라는 식의 이야기를 해서, "아! 나는 열등한 존재구나."라는
생각을 가지고 살아가는 경우가 있다. 자신의 내부에서 떠오르는 생각이
열등감을 만드는 경우도 있다. 자신과 다른 사람들을 스스로 비교하면서
나는 왜 저 사람만큼 되지 못하고, 성공하지 못할까 하는 생각을 가지면
서 마음속에 열등감을 가지고 성장하게 된다.

어떤 사람은 어린 시절 가난해서 자신의 집을 친구들에게 공개하는 것
을 꺼려했다. 그는 가난하여 가족 모두가 단칸방에 살아가는 자신의 환
경을 친구들에게 보여 주기가 싫었다. 그런 모습을 보면 친구들이 자신
을 무시할 수도 있고, 앞으로 자신과 놀아 주지 않을 것이라는 생각 때문

이었다. 친구들은 돌아가면서 각자의 집에 초대하는데 그 사람만 자신의 집에 친구들을 초대할 수 없었다. 그는 점점 친구들의 눈치를 보게 되었다. "혹시 내 가정 형편이 알려지게 되면 어떻게 하지?"라는 생각이 들면서 아예 친구들과 사귀는 것을 그만두어야겠다고 생각하고 스스로 같이 놀던 친구들과도 놀지 않게 되어 친한 친구가 없는 사람이 되었다. 열등감은 이렇게 관계를 깨뜨린다.

이외에도 경제적인 여유가 없어서 다른 아이들은 모두 가지는 옷, 신발, 장난감을 가지지 못해서, 학교의 동아리에 가입하고 활동하고 싶었지만 그 동아리는 재정적인 여유가 있어야 활동이 가능한 동아리라서 활동을 포기해야 해서, 다른 사람들에게 알리고 싶지 않은 부끄러운 가정사 등의 문제들로 인하여 열등감을 가지게 되기도 한다. 그러나 이런 열등감은 잘못된 인식에 근거하고 있다. 나의 외적인 모습이나 가정의 환경 문제 등은 열등감을 가질 이유가 아니다. 그것은 사람들마다 가지고 있는 다양성의 문제이지 열등감을 일으킬 문제는 아닌 것이다.

물건의 소유가 사람의 가치를 결정하는 것이 아니다

열등감을 가진 사람은 좋은 물건을 소유함으로 자신의 열등감을 가리고 가치를 인정받으려고 하는 경향이 있다. 친구가 좋은 차를 산 것을 알게 되면 자신도 친구가 산 그런 차량을 사려고 한다. 그 차를 사야만 자신도 친구들 앞에서 얼굴이 선다고 생각하는 것이다. 그 차가 필요해서가 아니라 열등감 때문이다. 그것이 끝이 아니다. 친구가 좋은 아파트를 샀다고 하면 자신도 좋은 아파트를 사야 한다고 생각하고, 친구가 해외여행을 간다고 하면 자신도 해외여행을 가야 한다고 생각하고, 친구가 명품을 가지고 있다고 하면 자신도 명품을 가져야 한다고 생각한다. 그러나 이와 같이 친구를 따라서 차를 사고 아파트를 사고 해외여행을 다녀온다고 해도 열등감이 해결되는 것은 아니다. 한번 이런 열등감의 소용돌이에 휩쓸리기 시작하면 끝이 없게 된다. 그러다가 카드 빚의 문제로 배우자와 갈등을 하게 되고 가정의 경제에 큰 어려움이 다가오는 것이다. 근본적인 문제는 물건을 소유하는 것이 사람의 가치를 세워 주는 것이 아니기 때문에 열등감 해소에는 아무런 도움이 되지 않음을 인식해야 한다. 사람의 가치는 무엇을 소유하고 얼마나 많은 돈이 있고 얼마나 많은 것을 이루었는가에 따라서 결정되는 것이 아니다.

우리는 태어나면서부터 가치 있는 존재이다

열등감을 가지고 살아가는 사람이 인식해야 할 중요한 사실은 '사람들은 있는 그대로 가치 있는 존재'라는 것을 아는 것이다. 내가 얼마나 많은 재산을 가지고 있고, 내가 얼마나 많은 명품을 소유하고 있고, 내가 얼마나 좋은 학교를 다녔고, 내가 얼마나 키가 큰가와 같은 기준이 나의 가치의 기준이 아님을 알아야 한다. 나는 태어난 그 순간부터 가치 있는 존재라는 것을 알아야 한다. 외부로부터 어떤 조건이 갖추어지거나 우리가 어떤 것을 이루어서 가치 있는 존재가 되는 것이 아니다. 우리는 있는 그대로 명품이고 있는 그대로 가치 있는 존재라는 사실을 늘 기억해야 한다.

안데르센의 동화 『미운 오리 새끼』를 우리는 잘 안다. 엄마 오리가 품은 알 중에 다른 알이 하나 있었다. 그 오리는 태어나면서부터 다른 오리들과 모습이 달랐다. 다른 오리들은 그를 '미운 오리'라고 불렀다. 자신들과 다른 모습을 하고 있었기 때문이다. 미운 오리는 열등감에 사로잡혀서 왜 자신은 이렇게 못생기게 태어났을까 생각하며 다른 오리들을 피하여 연못의 이곳저곳을 숨어 다녔다. 시간이 지나면서 한 무리의 백조들이 연못으로 날아왔다. 미운 오리는 그 백조들을 보며 참으로 아름답다고 생각했다. 그 순간 그는 연못 물에 비친 자신의 얼굴을 보면서 자신은 오리가 아니고 백조였다는 사실을 깨닫게 되었다. 우리는 미운 오리가 아니다. 우리는 태어나면서부터 백조와 같이 가치 있는 존재라는 것을 인식하고 살아야 한다.

내가 아닌 다른 사람으로 살아가려고 하지 말자

열등감이 있는 사람은 자꾸 자신의 모습을 감추려는 경향이 있다. 열등감이 있는 사람들은 나 자신이 다른 사람에게 보여 줄 만한 존재가 되지 못한다고 느끼기 때문에 열등감을 가지고 있는 자신의 모습을 감추려고 한다. 우리가 자신의 모습을 인정하지 않고 감추려고 하면 할수록 열등감의 에너지는 더욱 강력하게 마음속에 자리를 잡게 된다. 일평생을 사람들에게 자신의 모습을 있는 그대로 보이지 않으려고 가장하며 살게 된다. 내가 아닌 다른 사람으로 가장해서 살아가는 것은 많은 에너지가 필요하고 힘든 일이다. 매일같이 얼굴에 무거운 가면을 쓰고 산다고 생각해 보자. 얼마나 갑갑하고 힘들겠는가? 열등감이 있는 사람이 자신의 모습을 감추려는 이유는 두려움 때문이다. 나의 모습 그대로를 사람들이 안다면 모두 내게서 떠날 것이고, 나를 무시할 것이라는 두려움이 그 마음에 깔려 있다. 그러나 언제까지 다른 사람들에게 자신의 모습을 감추고 살아갈 수가 있겠는가? 내가 아닌 다른 사람으로 살아가려는 태도를 중단하고 지금 나의 모습 그대로 살아가자. 그래도 아무런 문제가 없다.

부부는 자신의 열등감의 원인을 배우자에게 고백할 수 있어야 한다. 그러나 이것은 쉬운 것이 아니다. 이것은 부부가 서로에게 자신의 열등감의 원인을 이야기해도 괜찮다는 '안전지대'가 형성될 때에 가능한 것이기 때문이다. 부부는 서로의 상한 감정을 이야기하고, 그 이야기를 경청해 주며, 서로의 아픔을 보듬어 줄 것을 결단해야만 이런 치유가 일어나게 된다. 배우자에게 열등감이 있다면 그 원인을 생각해 보고 그 열등감으로 인하여 힘들어하는 배우자를 향해서 "괜찮아!"라고 말해 주고 품어 주면 좋겠다. "당신은 괜찮은 존재야! 당신이 무엇을 이루어서 가치 있는 존재가 아니라, 이미 당신은 있는 그대로 가치 있고 세상에 하나밖에 없는 명품이야."라고 이야기해 줄 때 배우자는 열등감에서 자유로워진다. 배우자에게 자주 "당신은 괜찮은 사람이야."라고 말해 주자!

코치의 한마디

열등감으로 힘들어하는 배우자에게 "당신은 괜찮은 사람"이라고 말해 주자.

‱‱‱‱‱

부부 관계의 위기를 암시하는
적신호가 있다

한 신문의 기사를 보니 결혼정보업체에서 재혼을 고려하고 있는, 이혼한 남녀를 대상으로 설문을 한 결과를 보도하는 기사가 나왔다. 남성 266명과 여성 266명, 총 532명을 대상으로 설문을 했는데, 그 연구의 결과에서 남성과 여성이 결혼의 위기를 바라보는 관점이 다른 것을 볼 수 있었다. 남성들은 "상대가 자신을 무시할 때 결혼의 위기가 다가오고 있다."라고 보고 있었다. 여성들은 "상대가 배우자로서의 역할을 제대로 안할 때 결혼의 위기가 다가오고 있다."라고 보고 있었다. 한마디로 말하면 남성은 배우자가 자존심을 건드리고 무시할 때 견디지 못하고 이혼을 생각하게 되고, 여성은 배우자가 자신의 역할을 다하지 않을 때 나를 더 이상 사랑하지 않는다고 생각하고 이혼을 결심하는 것으로 조사된 것이다.

조사 결과에 의하면 남성 응답자는 이혼의 첫 번째 이유로 배우자가 자신을 무시할 때이다(28.6%). 두 번째 이유로는 부부간의 성생활이 없는 것(23.7%), 세 번째로는 시비조의 말투(18.1), 네 번째로는 배우자의 역할 태만(15.0%)을 이유로 들었다. 여성 응답자의 경우 이혼의 첫 번째 이유는 남성과는 달리 남편의 역할 태만이었다(31.2%). 두 번째 이유는 배우자가 자신을 외면할 때(26.3%)이며, 세 번째 이유는 남편의 외박(18.4%), 네 번째는 시비조 말투(12.0%)였다.

'존 가트맨'은 행복한 결혼 생활을 하는 부부들은 특별히 다른 부부보다 똑똑하거나 부유해서 그들이 행복한 결혼 생활을 하는 것이 아니라고 주장한다(존 가트맨·낸 실버,『행복한 결혼을 위한 7원칙』). 중요한 것은 행복한 부부는 일상생활에서 그렇지 못한 부부보다 배우자에 대한 부정적인 생각이나 감정보다는 긍정적인 생각이나 감정을 더 많이 가지고 있다는 것이다. 그들은 어떤 의견의 충돌이 있을 때 서로에게 적대적인 분위기를 만들어 서로에 대하여 불만을 표현하기보다는 서로의 요구를 감싸 안아 주는 특징을 가진다는 것이다. 부부가 대화를 할 때 상대방의 이야기를 무조건 거절하기보다는 먼저 그 이야기를 수용해 주고 그 다음에 자신은 다른 의견이 있다는 것을 이야기한다고 한다. "그래! 당신 말도 옳아 그렇지만……." 이런 식으로 상대방을 먼저 긍정해 주고 그 다음에 나의 생각을 이야기하는 것이다.

'존 가트맨'은 자신의 상담실에 찾아오는 부부들의 이야기를 15분간만 들어 보면 이 부부가 이혼을 할 것인지 아니면 계속 결혼 생활을 이어 갈 부부인지 알게 된다고 한다. 그 이유는 이혼하는 부부의 대화에는 위기를 가져오는 네 가지 요소가 있는데 그것이 나타나는 대부분의 부부는 이혼을 하게 되고, 그렇지 않은 부부는 이혼을 하지 않는다고 한다. 부부의 위기를 암시하는 대화의 적신호가 무엇일까?

부부의 대화 속에 비난이 있는가?

부부들은 살아가면서 서로에게 불만을 가지고 있을 수 있다. 그러나 불만을 가지고 있다고 해서 모두 배우자를 비난하는 것은 아니다. 불만은 "배우자가 한 어떤 행동이나 말 때문에 내가 화가 났다. 그러니 그것을 바로 잡아달라."라는 식의 접근이다. 그러나 비난은 불만 이상의 것으로, 상대방의 인격에 대한 부정적인 느낌을 전달하는 것이다. 예를 들어, 부부가 서로 당번을 정해서 쓰레기를 버리는 가정이라고 생각해 보자. 어제저녁이 쓰레기를 버리는 날인데 남편이 쓰레기 버리는 것을 잊었다. 아침에 보니 여전히 쓰레기가 쌓여 있을 때 아내는 남편에게 "당신이 쓰레기를 버리기로 해 놓고, 쓰레기를 버리지 않아서 내가 화가 나요. 오늘 버려 줄 수 있나요?"라고 말한다면 그것은 남편이 쓰레기를 버리지 않은 것에 대한 불만을 표현하는 것이다. 그러나 더 나아가서, "당신은 왜 그렇게 내 말을 무시하는 거예요? 왜 매일 나만 쓰레기를 버려야 하는 거예요? 당신은 항상 제대로 하는 것이 아무것도 없네요."라고 말을 하면 배우자는 자신이 무시당하는 느낌이 드는 비난을 받는 것이다.

흔히 부부가 비난할 때 "당신은 왜 항상 그러지?"라는 식의 말을 하는 것이다. 이런 말을 들으면 배우자는 "내가 언제 '항상' 그랬지? 어쩌다 그런 것을 가지고 내가 늘 그런 것처럼 나를 비난하지?" 하는 생각을 하면서 마음속에 긍정적인 감정이 사라지고, 부정적인 감정이 생기게 되는 것이다.

부부간에 모욕하거나 빈정대고 있는가?

부부의 대화에 있어서 상대방의 말에 대하여 빈정대는 것은 상대방에게 큰 모욕감을 준다. 상대방이 말을 하고 있는데 시선은 다른 곳을 바라본다든지, 상대방이 말하는 것을 흉내 낸다든지, 상대방이 진지하게 말하고 있는데 농담을 한다든지 하는 행동은 배우자에게 자신이 제대로 존중받고 있지 못하다는 느낌을 갖게 한다. 배우자에게 대한 부정적인 감정이 생길 때 사람들은 배우자를 모욕하고 싶어 하는 충동을 느끼게 된다. 상대를 모욕하게 되면 상대방은 더욱 화가 나고 계속해서 상대를 공격하는 말을 하게 된다. 배우자에게 대하여 모욕의 말이 떠오르면 일단 먼저 생각해 보아야 한다. 내가 비난의 말을 할 때 상대방이 인격적인 모멸감을 갖게 된다는 것을 생각해 보아야 한다.

부부간에 자기 변호의 말을 많이 하는가?

행복한 부부는 서로의 감정을 감싸 주기 때문에 자신을 변호할 이유가 별로 없다. 그러나 부부 관계에 불만을 가지고 있는 부부의 경우에는 상대방이 하는 비난의 말에 대하여 자기 자신을 변호하기에 급급하다. 대게 부부들은 자기 변호를 할 때 상대방에게도 문제가 있다는 이야기를 하기 마련이다. "당신이 나를 도와주지 않아서 내가 그랬지."라는 식의 자기 변호는 상대방을 비난하는 자기 변호이다. "당신이 어제 나에게 쓰레기를 버리라고 말을 해 주지 않아서 내가 쓰레기를 버리지 않았지. 당신이 내게 말을 해 주었으면 내가 쓰레기를 버렸을 것 아니야?"라는 말은 자신이 쓰레기를 버리지 않은 것에 대한 반성이 아니라 배우자가 자신에게 알려 주지 않아서 쓰레기를 버리지 않았으므로 당신의 잘못도 있다는 상대를 비난하는 변호이다. 자신의 잘못을 인정하고 내가 잘못했다고 말하지 않는 이상 상대방은 계속해서 비난을 하게 되고, 그에 따른 자기 변호를 계속할 때 영원히 만나지 않는 두 개의 기차 레일처럼 부부는 계속해서 갈등하게 되고 위기를 만나게 되는 것이다.

부부간에 도피를 하고 있는가?

부부간의 대화에서 서로를 비난하며 빈정거리고 자기 변호로 일관된 관계를 유지할 경우에 부부는 서로에게서 도피하게 된다. 남편은 집에 들어와서 아내가 자신을 비난하기 시작하면 동시에 TV를 켠다. 그러면 아내는 자신의 말을 듣지 않고, TV에 집중하는 남편을 향해서 더욱 큰소리를 내게 된다. 그러면 남편은 아내의 잔소리를 피하여 다른 방으로 들어가 버린다. 이것이 도피이다. 상대방이 어떤 이야기를 해도 그 말에 반응하지 않고, 멍하게 앉아 있거나 다른 곳을 바라보고 있는 것은 몸은 그곳에 있지만 마음은 다른 곳에 가 있다는 도피의 태도이다. 이와 같은 태도가 반복될 때 배우자는 마음의 문을 닫게 되고 긍정적인 감정은 사라져 부정적인 감정만이 부부간의 대화를 사로잡는 것이다. 이렇게 되면 부부간에 스트레스가 쌓이게 돼 자신도 모르게 감정의 조절이 되지 않고 쉽게 분노하게 되는 것이다.

이 글의 처음에서 이야기했던 설문의 결과로 돌아가 보자. 남성은 상대가 자신을 무시할 때 이혼을 생각하게 되고 여성은 남성이 배우자로서의 역할을 다하지 않을 때 이혼을 생각하게 된다는 것을 다시 한번 생각해 보자. 결국은 부부는 서로가 서로를 존중하고, 자기중심이 아니라 상대를 향하여 헌신적인 자세를 유지하고, 서로를 향한 책임과 의무를 소홀히 하지 않을 때 행복한 삶을 살게 된다는 것이다. 우리는 부부간에 어떤 대화를 하고 있나? 부부간에 긍정적인 대화를 통하여 행복한 관계를 만들어 가는 부부가 되자.

코치의 한마디

부부간에 비난을 하지 말자.

부부간의 용서를 위한 다섯 단계

우리는 살아가면서 다른 사람에게 용서를 구할 때도 있고 용서를 받아야 할 때도 있다. 우리는 왜 용서를 해야 하는가? 용서하지 않을 때 마음 속에 고통이 있기 때문이다. 자신도 모르게 분노에 사로 잡혀서 살아가기도 하고, 자신의 가치를 인정하지 못하고 우울함 속에서 살아가기도 한다. 마음의 상처를 받은 사람들에게 용서하라고 말하면 대부분의 사람들은 "누구 좋으라고 용서하나?"라고 한다. 지금까지 상대에게서 고통을 받고 살아온 것만 해도 힘든데 상대를 용서해서 면죄부를 주는 일은 하고 싶지 않다는 것이다. 그러나 사실 용서는 누구보다도 나 좋으라고 하는 것임을 알아야 한다.

내가 용서에 대하여 관심을 갖게 된 것은 2000년대 중반에 미국의 한 대학교의 교수인 에버렛 워딩턴이 쓴『용서와 화해』라는 책을 읽으면서였다. 에버렛 워딩턴은 강도에 의해서 어머니가 살해되면서 마음속에 일어나는 분노로 인하여 매일을 고통 속에서 살아가고 있었다. 그러던 어느 날 그는 더 이상 매일 분노 속에서 살아갈 수 없다는 사실을 인정하고 자신이 살기 위해서 용서해야 한다는 사실을 깨닫게 되었다. 그는 어떻게 하면 자신에게 상처를 준 사람을 용서할 수 있는가를 연구하면서『용서와 화해』라는 책을 저술하였다. 그 책에서 에버렛 워딩턴은 용서에 도달하는 다섯 단계를 각 단어의 앞의 글자를 따서 'REACH'라는 단어로 요약했다.

상처를 회상하라(Recall the hurt).

공감하라(Empathize).

용서의 이타적 선물을 기억하라(Altruistic gift of forgiveness).

용서를 선언하라(Commit publicly to forgive).

용서를 지속하라(Hold on to forgiveness).

이와 같이 다섯 단계로 용서를 시도하라고 말하고 있다. 이 다섯 단계를 부부간의 용서에 적용해 보려고 한다.

상처를 회상하라

용서를 위한 첫 번째 단계는 자신이 받은 상처를 있는 그대로 회상하며 상처를 인정하는 것이다. 사람들은 상처를 받게 되면 자신이 상처받은 것을 인정하지 않으려고 한다. 상처를 떠올리는 것 자체가 괴롭기 때문이다. "사는 것이 다 그렇지 뭐. 상처 없는 사람이 있나?" 그런 생각을 가지고 상한 마음이 있다는 것 자체를 인정하지 않으려고 한다. 그러나 그렇게 하면 상한 마음에서 벗어날 수도, 용서를 시작할 수도 없다. 일단, 내가 상처받은 것을 인정해야 한다. 우리는 살아가면서 배우자에게 상처를 받기도 하고, 상처를 주기도 하면서 살아간다. 배우자가 내게 상처를 주어서 내 마음이 아프고, 감정적으로 힘들다는 것을 인정하는 것이 중요하다. 거기서 용서의 첫 단계가 시작되기 때문이다.

상처를 준 사람을 공감하라

용서의 두 번째 단계는 내게 상처를 준 대상에 대하여 공감하는 것이다. 내게 상처를 준 사람을 공감한다는 것 자체가 마음에 와닿지 않을 수 있다. 내게 상처를 준 배우자에 대하여 내가 왜 공감해야 하나? 하는 생각을 할 수 있다. 그러나 나의 상한 마음을 치유하고 상대방을 용서하기 위해서는 상대방을 향한 공감이 절대적으로 필요하다. 사람은 자신에게 상처를 준 사람을 공감하지 않으면, 그를 용서할 수 없기 때문이다. 그렇다면 내게 상처를 준 배우자를 어떻게 공감할 수 있을까? 먼저 나의 배우자가 나에게 상처를 주기 전에 과거에 나의 배우자도 상처를 받은 사람이라는 것을 생각해 볼 필요가 있다. 배우자가 어린 시절에 어떤 삶을 살았는지를 생각해 보자. 나의 배우자는 태어나면서부터 부모님에게 사랑을 받고 성장한 사람이었나? 부모님이 다른 자녀는 편애하고 나의 배우자에게는 사랑의 표현이나 인정이나 칭찬이 인색했을 수도 있다. 그래서 마음속에 자신도 모르게 분노가 생겼고, 그 분노가 어른이 되기까지 감추어져 있다가 어른이 되어서 다른 사람에게 표현되고, 결국은 그 분노를 표출하여 내게 깊은 상처를 주었을 수 있다. 어려서부터 부모가 과잉보호를 하여 자신의 힘으로는 아무것도 할 수 없는 상태로 성인이 되어 결혼을 하게 되었고, 그 결과 성인 아이가 되어 지금도 부모에게서 떠날 줄 모르는 부모 중심, 부모 의존형의 사람이 되어 있을 수도 있다. 어려서부터 수많은 상처와 거절을 받아서 자신도 모르게 사랑에 굶주려 있어서 다른 사람들에게 지나치게 집착을 하거나, 여러 가지 중독으로 인하여 고통 가운데 있을 수도 있다. 이렇게 배우자의 과거의 이야기를 생각해 보면 배우자가 나에게 왜 그런 상처를 주었는지 이해할 수 있게 된다. 배우자도 상처받은 사람이라고 생각하면 배우자도 피해자였다는 생각이 들면서 공감의 마음이 생기게 되는 것이다.

내가 받은 용서의 이타적 선물을 기억하라

내게 상처를 준 배우자에게 용서를 베푼다는 것은 배우자에게 선물을 주는 것이다. 내게 상처를 준 대상에게 선물을 준다는 것은 마음에서 용납하지 않을 수 있다. 이때 우리가 생각해 보아야 할 것은 나도 수많은 선물을 받고 살아왔다는 사실이다. 나도 인생을 살아오면서 실수를 하거나 다른 사람에게 상처를 주기도 했으나 나의 실수를 용납해 주고, 나를 용서해 준 사람들이 있다는 것을 생각해 보아야 한다. 내가 그렇게 용서를 받았던 것처럼 나도 이제는 내게 상처를 준 사람에게 용서의 선물을 베풀겠다고 결단하는 것이다. 나의 중요한 좌우명 중의 하나가 '내가 받기를 원하는 만큼, 남에게 베풀자.'라는 것이다. 내가 받기를 원하는 만큼 다른 사람을 기억하고 다른 사람에게 베풀 때 좋은 인간 관계가 형성되기 때문이다.

용서를 선언하라

이 단계에서는 내게 상처를 준 배우자를 용서한다고 스스로 선언하는 것이다. 마음으로 생각만 하는 것과 실제로 입을 열어 고백하는 것과는 큰 차이가 있다. 생각한 것을 말로 고백할 때 그 고백은 우리의 결심을 더욱 강화시키는 힘을 준다. 내게 상처를 준 배우자를 내가 용서하겠다고 결심하고 실제로 배우자에게 용서한다고 선포하는 것이 중요하다. 이러한 용서의 선언은 배우자에게만 국한된 것은 아니다. 우리가 자주 만나는 직장 동료, 친구뿐만 아니라 이미 세상을 떠나서 만날 수 없는 대상들에게도 적용이 된다. 내가 받은 상처를 이미 여러 사람들이 알고 있는 경우 그 사람들 앞에서 나의 용서의 결심을 선포하는 것도 의미가 있다. 이와 같이 나 스스로가 용서를 선언할 때 우리의 마음을 사로잡고 있는 용서하지 못하는 마음은 점점 사라지고 용서의 마음이 생기게 된다.

용서를 지속하라

우리의 상한 감정은 한번 용서했다고 해서 완전히 사라지는 것은 아니다. 용서를 한다고 선언을 했음에도 불구하고 상처받았던 사실이 다시 떠오르고, 마음속에 다시 분노의 불이 솟구쳐 올라올 수도 있고, 다시 마음에 고통이 다가올 수도 있다. 그렇게 되면 대부분의 사람들은 당황하게 된다. "내가 이미 용서를 했는데 왜 내 마음속에는 이런 감정이 다시 떠오르는가?" 하는 생각이 들 수 있다. 그러나 그것은 자연스러운 현상인 것을 알아야 한다. 인간의 뇌에는 '지움 버튼'이 없기 때문이다. 사람들이 상처받은 기억과 감정은 잊히거나 지워지지 않는다. 그래서 용서했다고 생각했음에도 불구하고 자신도 모르게 또 다시 과거의 상한 감정의 기억이 다시 떠오르는 것이다. 그래서 용서는 단회의 사건이 아니라 계속해서 반복되어야 할 사건인 것이다. 용서는 시간이 걸린다. 오랜 세월 동안 상처받고 살았다면 그것이 한순간에 해결되는 것은 쉬운 일이 아니다. 그래서 우리는 용서를 지속해야 한다. 다시 상한 감정이 올라와도 또다시 용서하겠다고 결단하고 다시 용서를 선언하는 것이다. 그럴 때 마음의 상한 감정이 조금씩 더 아물어 가게 되는 것이다.

사람들은 살아가면서 수많은 실수를 하고 상처를 주기도 하고 받기도 하며 살아간다. 세상에 완벽하고 완전한 사람이 없는 것처럼 부부도 완전하고 완벽한 부부는 없다. 부부는 서로 상대에게 상처를 줄 수도 있고 실망을 안겨 줄 수도 있다. 한순간 잘못 판단하여 배우자에게 깊은 상처를 안겨 줄 수도 있다. 그럴 때 우리는 좌절하고 고통과 분노의 감정 속에서 살아갈 것이 아니라 인간은 모두 연약한 존재임을 인정하고 서로가 상처받은 존재인 것을 공감하며 서로를 용서하며 살아가야 한다.

코치의 한마디

배우자의 상처에 공감해 주고, 용서해 주자.

4부

행복한 부부의 관계 코칭

배우자의 마음을 얻는 대화법을 사용하자

연애 시절에는 만나기만 해도 즐겁고 어떤 대화를 나누어도 기쁘다. 오래전의 일이다. 버스를 타고 가는데 한 젊은 커플이 버스에 타서 내 뒷자리에 와서 앉았다. 그들은 자리에 앉자마자 이야기를 나누기 시작했는데 너무나 재미있어 했다. 그 순간 나는 '도대체 무슨 이야기를 하길래 저렇게 재미있어 할까?' 하는 생각을 하면서 주책 맞게 슬그머니 그들의 이야기에 귀를 기울여 본 적이 있다. 들어 보니 놀랍게도 재미가 하나도 없는 이야기였다. 그런데도 둘은 그렇게 웃고 즐거워하는 것을 보면서, "이야기가 재미있어서가 아니라, 둘이 같이 있는 것 자체가 즐거워서 그렇구나."라는 생각을 한 적이 있다.

연애 시절에는 별로 재미가 없는 이야기도 재미있게 나누었는데 결혼을 하고 나서 아이들을 키우며 아이들의 육아 문제로, 양가의 가족들에 대한 이견 등의 문제로, 경제적인 문제로 갈등을 하면서 부부간에 아예 대화를 기피하고 속으로 적당히 무시하고 미워하며 살아가는 부부들을 종종 보게 된다. 부부간에 대화가 사라지면서 부부간에 더욱 비난을 하게 되고 점점 더 마음의 담을 쌓고 살아서 의사소통이 어려워져 갈등의 골이 깊어져 가는 부부들이 우리 주변에 많이 있다. 배우자의 마음을 얻는 대화법은 무엇일까?

갈등이 있더라도 부부간에 대화를 피하지 말아야 한다

부부간에 갈등이 생겼을 때 대화를 피하려는 사람들이 있다. 대화를 시작했다가 또 싸우면 어떻게 하지? 하는 생각 때문에 아예 갈등이 될 만한 화제는 의도적으로 피하고, 다른 이야기만 하는 경우이다. 작은 눈덩이가 산 위에서 굴러 내려가며 점점 더 큰 눈덩이가 되어 결국은 큰 나무를 삼키고 집을 삼키는 것처럼, 작은 갈등이 시작될 때 피하지 말고 대화로 갈등의 요소를 풀어 가야 한다.

부부간에 대화를 하다가 화가 났을 때는 일단 화가 식을 때까지 잠깐

기다렸다가 대화를 하는 것도 좋다. 화가 난 상태에서 말을 하다 보면 자신도 모르게 배우자에게 할 말 안 할 말을 안 가리고 할 수 있다. 화가 날 때 심호흡을 해 보자. 부부간에 이런 약속을 미리 해 두는 것도 좋다. 부부간에 대화하다가 화가 나면 "타임아웃."을 외치고 화를 식힌 후 말을 하는 것으로 서로 약속해 두면 분노의 감정을 식히고 나서 대화를 할 수 있다.

부부간에 말을 가려서 하자

'엎질러진 물은 다시 담을 수 없다.'라는 격언처럼, 한번 입을 떠난 말은 다시 돌이킬 수 없다. 배우자와 갈등할 때 내가 이런 말을 하면 상대는 어떻게 받아들일까? 하는 생각을 먼저 한 후에 말을 하는 것이 좋다. 부부간에 말다툼을 하다 보면 상대방의 마음을 좀 더 아프게 해야 내가 이길 것 같은 생각이 들기도 한다. 그래서 상대가 마음 아파할 더 심한 이야기를 하기도 한다. 부부 싸움에서 이겨서 어쩌겠는가? 배우자가 화가 나서 나의 마음을 아프게 하더라도 나도 그렇게 배우자의 마음을 아프게 할 필요는 없다. 부부 싸움이 끝나고 난 후 서로가 한 이야기가 배우자의 마음에 얼마나 큰 상처가 되어 오랫동안 잊히지 않는지 나중에 깨닫고 후회하는 사람들도 많이 있다. 후회를 남기지 않으려면 말하기 전에 "내가 하는 이 말이 상대에게 큰 상처를 주는 말이 아닐까?" 먼저 진지하게 생각해 보고 말해야 한다.

배우자의 단점을 고치려고 할 때
나의 감정을 표현하는 '나 전달법'을 사용하는 것이 좋다

예를 들어 남편이 집에 들어와서 양말을 벗어서 아무 데나 둔다면, 아내는 "당신은 왜 날마다 양말을 벗어서 아무 데나 던져 놓는 거예요? 빨래 바구니에 넣으면 손이 삐나요?" 이런 식으로 상대를 비난하는 투로 말하면 남편은 마음속에 반감이 생긴다. 그래서 계속해서 양말을 아무 데나 벗어 두는 소심한(?) 복수를 계속하게 된다.

이럴 때 '나 전달법'을 써서 이야기해 보자. "외출했다 집에 돌아오면 양말을 빨래 바구니에 넣어 달라고 내가 부탁했는데, 당신이 양말을 아무 곳에나 벗어 놓으니, '내가 당신에게 존중을 받지 못하는구나.' 하는 그런 기분이 들어. 당신이 나를 좀 도와주면 안 될까?" 그러면 남편은 대게 마음속에 "내가 실수했구나. 다음에는 그러지 말아야지." 하는 생각을 갖게 된다.

　　부부간에 갈등이 있어도 대화를 피하지 않고 배우자의 감정을 상하지 않게 대화를 하는 부부가 상대방을 존중하며 서로의 마음을 얻는 부부이다.

코치의 한마디

부부간에 말을 가려서 하고 서로를 존중하자.

부부간에도
대화의 기술이 필요하다

　존 가트맨 박사는 부부의 대화의 기술로서 네 가지 요소를 제시하고 있다. 부부간에 마음을 열고 친밀한 대화를 이끌어 내려면 첫째, 감정을 단어로 표현하라. 둘째, 개방형 질문으로 물어라. 셋째, 상대방의 말에 대해 유대감을 강화하는 말을 하라. 넷째, 공감과 연민을 표현하라는 것이다(존 가트맨·낸 실버 저, 『가트맨의 부부 감정 치유』). 그 네 가지의 요소를 중심으로 부부의 대화의 기술에 대하여 생각해 보자.

나의 감정을 단어로 표현하라

사람들은 내가 굳이 말하지 않더라도 다른 사람들이 나의 감정을 이해하고 있으리라고 추측하는 경우가 있다. 그러나 자신이 어떤 감정을 느낄 때 그 감정을 정확한 단어로 표현을 하지 않으면 사람들은 내가 어떤 감정을 느끼는지 잘 모른다. 많은 사람들이 부부간에 자신의 감정을 단어로 표현을 하는 것에 어려움을 느낀다.

평소에 그런 연습이 잘 되어 있지 않기 때문이다. 상대방이 적절한 단어를 사용하여 자신의 감정을 표현하지 않을 때 배우자는 상대방을 이해하는 데 어려움을 느끼게 된다. 자신의 감정을 표현할 때 주로 어떤 단어를 사용하고 있는지 생각해 보고, 배우자에게 자신이 가지고 있는 감정을 적절한 단어로 표현을 해 보는 것이 배우자의 마음을 여는 대화의 첫 번째 단계이다.

개방형 질문을 하라

배우자가 '그렇다.' '아니다.'라는 말로 답을 할 수 있는 질문은 폐쇄형 질문, 닫힌 질문이다. 이런 질문은 대화를 계속 진행하지 못하도록 끊는 질문이다. 계속적인 대화를 하기 위해서는 개방형 질문, 열린 질문을 하는 것이 좋다. 같이 영화를 본 경우 "오늘 영화 좋았어?"라고 질문하면 '좋았어.' '별로였어.' 이렇게 끝날 수 있다. 그러면 더 대화가 이어지지 않는다. 그런 질문보다는 "오늘 영화를 본 것 가운데 가장 마음에 남는 것은 뭐였어? 혹은 어떤 장면이 제일 재미있었어?"라는 식의 질문은 더 많은 이야기를 끌어낼 수 있는 개방형 질문이다. 부부는 서로가 대화를 할 때 이런 식의 질문을 하는 것을 연습할 필요가 있다.

유대감을 강화해 주는 말을 하라

배우자에게 어떤 이야기를 들었을 때, 그 말을 다시 한번 정리해서 반복해서 말해 주는 것이 좋다. "그러니까, 당신의 이야기는 이런 이야기이지."라는 식으로 말하는 것이다. 사람들은 때로 대화하면서 상대방이 하지 않은 이야기를 혼자 추측하고 짐작하다가 오해가 생긴다. 상대방의 이야기를 정리해서 다시 이야기해 주면 상대방은 자신의 이야기를 잘 들어주고 있구나 하는 생각을 하게 되고, 그런 태도에 대하여 마음이 열려서 더 많은 이야기를 하고 싶은 생각이 든다는 것이다. 배우자가 마음이 힘들고 스트레스가 있다고 이야기했을 때, "당신이 그래서 마음이 많이 힘들었겠네."라고 이야기해 주면 배우자는 유대감을 느껴서 더 대화를 이어 갈 수 있게 된다.

공감과 연민을 표현하라

'남편은 남의 편'이라는 말이 있다. 아내가 오늘 다른 학부모와 만나서 있었던 이야기를 하면서 남편에게 기분이 나빴다고 이야기할 때 남편은 그 이야기를 들으면서 객관적이고 논리적으로 접근을 하느라, 아내보다는 다른 사람의 입장에 서서 이야기하면 아내는 남편이 남의 편이라고 생각하게 된다. 배우자가 화가 나 있거나 마음이 힘든 어떤 일이 생겼을 때 남편이나 아내는 먼저 배우자의 편이 되어 주어야 한다. 부부간에 대화 가운데 배우자가 잘못된 생각을 가지고 있어서 내가 도움을 주어야겠다고 생각이 되더라도 일단 그 생각은 접어 두는 것이 좋다. 배우자가 지금 어떤 감정을 느끼고 있다면 그 감정을 존중해 주는 것이 필요하기 때문이다.

부부간에 대화하면서 처음부터 문제 해결을 하기 위해서 내 의견을 먼저 이야기하려고 하지 않는 것이 좋다. 많은 경우에 부부가 자신의 감정적인 문제를 표현할 때 배우자에게서 공감을 받고 싶어 하고 내 배우자가 나를 이해해 줄 것을 기대하며 이야기를 하는 것이기 때문이다. 남편은 남의 편이 되지 말고 무조건 아내의 편이 되어 주고 아내도 남편의 편이 되어 주어 고개를 끄덕여 주고 동의해 주는 것이 필요하다.

코치의 한마디

부부는 서로의 편이 되어 주자.

관계를 깨뜨리지 않고 거절하는 대화법

우리는 많은 사람들과 대화를 한다. 어떤 때는 시도 때도 없이 걸려 오는 영업 전화에서부터 가족이나 친구들의 전화에 이르기까지 우리는 매일 많은 대화 속에서 살아간다. 꼭 필요한 대화도 있지만 우리의 에너지를 고갈시키는 대화도 있다. 이럴 때 어떻게 해야 할까? 단호하게 아닌 것은 아니라고 이야기해 주어야 한다. 그것은 상대방의 기분을 상하게 하고 상대를 무시하려는 것이 아니라 나를 지키는 길이기 때문이다. 부부간에도 거절해야 할 때가 있다. 부부간에 간계를 깨뜨리지 않고 거절하려면 어떻게 해야 할까?

안 되는 것은 처음부터 안 된다고 단호하게 이야기하자

사람들은 어떤 것을 거절하면서 그것을 거절하는 이유를 설명하려고 하는데, 오히려 그 설명이 더 오해를 만들어 낼 수가 있다. 중요한 것은 나의 시간, 나의 체력, 나의 경제적인 한계를 보호해야 하기 때문에 사람들에게 내가 거절하는 모든 이유를 다 설명해야 할 필요는 없다.

어떤 영업사원이 전화를 걸어 오면 영업사원이라고 파악이 되는 순간 말도 없이 전화를 그냥 끊어 버리는 사람이 있다. 이런 경우 전화를 건 사람이 대단히 화가 날 것이다. 이런 식의 전화의 응대는 바람직하지 않다. 어떤 사람은 영원사원이라고 생각이 들면, "지금 시간이 없다."라고 이야기하는 경우도 있다. 그러면 그 말이 올무가 된다. 영업사원은 "지금 시간이 없으시면 다음에 전화를 드리겠다."라고 이야기하고 다시 전화를 한다. 그러면 또다시 그 영업사원에게 시달려야 한다. 다음에 전화를 해 오면 뭐라고 해야 하나 생각하면서 그 전화가 올 때까지 마음이 편하지 않은 사람도 있다. 그런 영업전화가 걸려 오면 "제가 필요한 것이 아닙니다."라고 정확하게 이야기해 주라는 것이다. 지금 시간이 없다는 말은 영업사원에게 기대감을 주고 결국 나도 지치게 하는 일이다. 내가 그것이 필요 없는 이유를 설명할 필요도 없다. 나 자신의 입장을 정당화시킬 필요도 없다. 내가 필요가 없는 것이기 때문에 안 된다고 하면 더 이상 할 말이 없게 되는 것이다.

미국에서 생활할 때의 일이다. 쇼핑몰에서 물건을 샀다가 집에 물건을 가지고 와서 자세히 보니 내가 예상했던 그런 물건이 아니었다. 미국은 물건을 산 후 영수증을 버리지 않고 물건을 반환하면 대게는 14일 내에는 그 물건값을 환불을 해 주도록 되어 있다. 그때 물건을 가지고 가서 반환을 하면 꼭 묻는 질문이 있다. 왜 이 물건을 환불을 하려고 하는가? 그럴 때 이런저런 이유를 대면 오랜 시간을 대화를 해야 한다. 한 번에 물건을 환불하는 마법의 말이 있다. "이 물건은 내가 찾던 물건이 아닙니다. 이 물건을 원하지 않습니다."라고 말하면 두말하지 않고, 환불을 해 준다. 이유를 설명해야 하는 것이 아니다. 나의 분명한 입장을 밝히면 되는 것이다.

심리학자 롤프 젤린은 단호한 태도와 공격적인 태도에 대하여 소통 전문가 샤론 앤서니 바우어의 이야기를 통해서 이렇게 그 차이를 밝히고 있다. "단호한 태도와 공격적인 태도의 근본적인 차이점은 우리의 말과 행동이 다른 사람의 권리와 행복에 어떤 영향을 미치느냐에 달려 있다." 라고 말했다. 우리의 말이 다른 사람에게 긍정적인 영향을 주었다면 그것은 단호한 말이고, 부정적인 영향을 미쳤다면 그것은 공격적인 태도의 말이라고 할 수 있다(롤프 젤린, 『나는 단호해지기로 결심했다』). 거절할 때 부부간에는 공격적인 태도가 아니라 단호하되 긍정적인 태도로 거절을 해야 하는 것이다.

내가 대화할 수 있는 시간의 한계를 정해 주어야 한다

사람들과 대화를 하다 보면 꼭 필요한 말만 하는 사람이 있는가 하면 한 시간도 좋고 두 시간도 좋고 한번 전화를 하면 끊임없이 이야기를 하는 사람들이 있다. 이런 것을 방지하기 위해서는 무한정으로 대화를 하려는 사람에게는 시간을 정해 주라는 것이다. "나는 지금 30분 동안 대화할 수 있는 시간이 있습니다. 30분 후에는 약속이 있습니다."라는 식으로 내가 가진 시간의 한계를 미리 이야기해 주라는 것이다. 이런 한계를 미리 정하지 않고 대화 중간에 전화를 끊어야 한다고 하면 전화를 거는 상대는 기분 나빠할 수 있다. 그러나 대화가 길어질 것 같으면 아예 처음부터 내가 가진 시간의 한계를 이야기해 주고, 상대방이 이야기할 수 있도록 해야 한다. 이렇게 할 때 상대방도 꼭 필요한 이야기를 정리해서 이야기하려고 한다.

어떤 경우에는 대화를 하다 보면 중요한 이야기는 처음 몇 분에 벌써 다 했고, 나머지 시간의 대화는 대부분 반복되는 이야기거나 처음에 했던 이야기를 뒷받침하는 이야기이다. 시간의 여유가 많이 있어서 상대의 모든 이야기를 다 들어줄 수 있다면 좋겠지만 그렇지 않다면 처음부터 시간의 한계를 분명히 정해 주는 것이 중요하다. 부부간에도 뭔가를 해야 하는데 배우자가 대화를 하려고 할 경우에 내가 대화할 수 있는 시간이 몇 분이 있다고 분명하게 이야기해 주는 것이 좋다.

상대가 나에게 어떤 에너지를 주는 사람인지 파악하라

사람들 가운데는 다른 사람과 대화를 할 때 긍정적인 에너지를 주는 사람이 있는가 하면, 부정적인 에너지를 주는 사람이 있다. 대화를 하면 오히려 힘이 생기고, 용기가 생기고 기분이 좋아지며 마음이 따뜻해지는 사람이 있다. 그런데 대화를 하면 힘이 빠지고 용기가 사라지고 기분이 나빠지며 마음이 냉랭해지는 사람이 있다. 왜 그런 것일까? 긍정적인 에너지를 주는 사람과 부정적인 에너지를 주는 사람이 있기 때문이다. 우리는 긍정적인 에너지를 주는 사람과 자주 대화를 해야 한다. 우리 주변에 어떤 사람이 많은가에 따라서 우리의 운명은 그렇게 바뀐다는 사실을 알아야 한다. 우리 주변에 나에게 격려를 해 주고 인정해 주고 칭찬해 주며 긍정적인 힘을 주는 사람은 나를 성공시키는 사람이고, 나의 에너지를 높여 주는 사람이다. 그러나 내게 부정적인 에너지를 주어서 대화를 하고 나면 피곤하고 힘이 빠지고 우울해지게 하는 사람은 내게 좋은 에너지를 주는 사람이 아니다.

부부는 서로에게 긍정의 에너지를 넣어 주는 대상이 되어야 한다. 살다 보면 우리는 얼마나 많은 스트레스를 받고 살아가는가? 그럴 때 배우자에게 긍정의 에너지를 주는 대화를 하고 살아가자.

코치의 한마디

배우자에게 안 되는 것은 처음부터 안 된다고 확고하게 이야기하자.

배려가 있는 부부가 되려면
이렇게 하자

결혼을 앞둔 사람들은 환상을 가지고 있다. 결혼만 하면 우리는 갈등도 없고, 세상에서 가장 행복한 부부가 될 것이라는 환상이다. 그러나 결혼을 하고 나서 얼마 지나지도 않아 부부가 얼마나 다른 존재인가를 알게 된다. 부부는 서로가 다른 환경에서 성장하였고, 다른 가치관을 가지고 살아가며, 기질이 다른 존재이기 때문에 결혼 생활은 끊임없이 갈등을 경험하게 된다는 것을 알게 된다. 부부가 계속해서 갈등을 경험하는 또 하나의 이유는 자신들도 모르게 반복하는 잘못된 행동이 있기 때문이다. 김용태는 악순환을 반복하는 부부에게는 7가지의 부정적인 요소가 있다고 말한다. 그것은 "자기 말만 한다. 자기식으로 말한다. 큰일만 중요하게 여긴다. 각각 하나로 뭉뚱그린다. 뭐든 당연하게 여긴다.

늘 내가 옳다고 주장한다. 잘못된 일은 배우자의 탓으로 돌린다."는 것
이다. (김용태, 『부부 같이 사는 것이 기적입니다』). 부부간의 부정적인
요소를 긍정적인 요소로 바꾸고 서로를 배려하는 부부가 되려면 어떻게
해야 할까?

자기 말만 하지 말고, 배우자의 말에 귀를 기울이자

좋은 관계를 가진 부부의 특징은 상대방의 이야기에 귀를 기울이고 경
청하는 것이다. 때로 대화 중에 상대방의 이야기를 요약해서 말해 주면,
배우자는 상대방이 내 이야기를 이해하고 있구나 하는 생각이 든다. 내
말만 하려고 하는 사람은 상대방의 말을 부분적으로 듣는 경우가 많다.
대화 가운데 오해가 자주 생기는 부부가 있다면 자신이 배우자의 말에
귀를 기울이고 온전히 듣고 있는지 확인해 보아야 한다. 상대방의 말을
듣는다고 하면서도 있는 그대로 듣지 않고 자신의 생각에 근거하여 재해
석하여 듣다 보면 상대방의 의도를 오해할 수 있다. 자기 말만 하지 말고
배우자의 말에 귀를 기울이고 경청하는 습관을 가져야 부부관계의 해를
끼치는 악순환의 고리를 끊을 수 있다.

자기 식으로 말하지 말고 배우자가 공감하는 방식으로 말하자

이성적이고 논리적으로 말하는 사람이 있고, 이성적이고 논리적이기보다는 감정적으로 말하는 사람이 있다. 부부 중의 한 사람은 이성형의 사람이고, 또 다른 사람은 감정형의 사람일 때 서로가 다르게 이야기하는 방식이 상대방에게 공감을 주지 못하고 있다는 것을 알아야 한다. 감정형의 사람에게는 감정형의 단어를 써서 이야기할 때, 상대방이 나의 감정을 이해하고 있구나 하는 생각을 하게 된다. 반대로 이성형의 사람은 사실 관계를 중요하게 여기기 때문에 감정적인 접근보다는 사실에 근거해서 논리적으로 이야기해 줄 때 잘 이해할 수 있게 된다. 배우자가 이성형의 사람인지, 아니면 감정형의 사람인지 파악을 하고, 상대방의 스타일에 맞추어 대화를 할 때 부부간의 악순환의 고리를 끊을 수 있다.

큰일만 중요하게 여기지 말고 작은 것에도 신경을 쓰자

부부는 때로 큰 일을 가지고 대화를 할 때도 있고, 작은 일을 가지고 대화를 할 때도 있다. 직장을 옮긴다든지, 이사를 할 집을 선택한다든지 하는 것은 큰일이다. 그러나 살다 보면 사소하지만 그런 것이 마음을 섭섭하게 하기도 하고, 감동을 주기도 한다. 남편에게 작은 격려의 메시지를 보내는 것, 스트레스 가운데 힘들어하는 아내에게 격려의 말을 해 주는 것. 이런 작은 감동들이 쌓여서 부부간에 신뢰와 사랑의 토대를 만들어 주는 것이다.

우리는 평소에 하는 작은 행동을 통하여 신뢰의 저축을 하고 있는 것이다. 배려가 있는 말, 선물, 행동들이 쌓여서 배우자에게 "내가 사랑받고 있구나. 나는 행복한 사람이다."라는 생각을 갖게 만든다. 이런 작은 감동이 쌓인 상태에서 생기는 부부간의 문제는 쉽게 넘어가고 여유 있게 극복할 수 있게 되는 것이다. 그러나 평소에 작은 배려와 감동이 없어서 서로를 신뢰할 수 없다면 작은 문제가 다가왔을 때 날카로운 반응을 가져오고 큰 문제로 비약되게 되는 것이다. 한 번에 큰 것으로 해결하려고 하지 말고 평소에 작은 것으로 서로의 사랑을 표현해 주는 자세가 필요하다. 작은 것에도 신경을 써 주는 태도가 부부간의 악순환의 고리를 끊어 준다.

하나로 뭉뚱그리지 말고 하나씩 떼어서 생각해 보자

배우자가 뭔가 잘못된 행동을 할 때 모든 것이 잘못된 것처럼 보인다면 그것은 배우자의 모든 것을 하나로 뭉뚱그려서 보고 있는 것이다. "저

사람은 늘 저렇다니까? 저 사람은 늘 내게 관심이 없다니까? 저 사람은
항상 저런 것이 문제라니까?"라는 식의 말은 배우자가 잘못한 하나의 사
건을 보면서 그것이 하나의 사건이 아니라, 배우자가 가진 모든 문제로
뭉뚱그리는 것에 있다.

내게 부부의 문제로 와서 상담을 했던 한 부부가 있었다. 화가 난 표정
으로 나의 앞에 앉은 부부는 배우자가 자신에게 얼마나 잘못을 하고 있
는지, 자신의 배우자가 얼마나 단점투성이인지 열띤 공방을 펼쳐 나갔
다. 이야기를 다 듣고 나서 그들에게 물었다. "혹시 배우자께서 좋은 점
은 없으신가요?" 그러자 그들은 동시에 "없어요!"라고 외쳤다. 그래서 다
시 물었다. "다시 한번 생각해 볼까요? 정말 없나요?" 그러자 아내는 대
답했다. "그래도 집에는 늘 일찍 들어와요." 그 이야기를 듣고 남편이 말
했다. "그래도 아내는 내게는 신경을 안 써도 아이들을 위해서는 최선을
다해요." 그렇게 이야기하면서 서로가 가진 장점들이 하나씩 나오게 되
었다. 그 전까지만 해도 남편과 아내는 모두 단점투성이라고 생각했는
데, 가만히 생각해 보니 좋은 면도 있는 것을 생각하게 되었다. 우리는
배우자의 나쁜 면을 뭉뚱그려서 좋은 면까지 모두 나쁘게 포장을 해 버
리고 있지는 않은지 생각해 보자.

모든 것을 당연하게 생각하지 말고 만사에 감사하며 살자

사람들은 이기적인 속성을 가지고 있다. 배우자가 어떤 일을 도와주고 어떤 배려를 했을 때 그것을 당연한 것으로 받아들이기 쉽다. 그런 일이 반복되면 베푸는 사람도 지치게 된다. "내가 이렇게 배려를 해 주어도 나의 배우자는 내가 배려하고 있는 것을 고마워하지 않는구나." 하는 생각이 들면 섭섭하고, 지치게 되는 것이다. 이런 자세를 바꾸는 중요한 '마법의 말'이 있다. 바로 "고마워요."라는 말이다. 우리는 자주 배우자에게 이 말을 들려주어야 한다. "고마워요! 당신이 나를 인정해 주고 나를 지지해 주고 도와주어서 고마워요."라고 말할 때 배우자는 행복을 느낀다.

자신이 하는 일이 어떤 때는 아무리 해도 표도 나지 않고, 아무리 청소를 해도 치운 사람만 아는 것 같고, 아무리 아이들을 잘 돌보아도 흔적이 없는 것 같지만, 배우자가 고맙다는 '마법의 말'을 표현할 때 자신감이 생기고, 기쁨이 생기게 되는 것이다. 반대로 감사하기보다는 배우자를 비난하고 불평하는 부부는 서로의 마음에 지옥을 가져다준다. 우리는 배우자가 불평의 대상이 아니라 감사의 대상이라는 것을 잊지 말아야 한다. 오늘부터 배우자에게 감사의 표현을 하고 살아가자. 당장 불평하고 원망할 환경 가운데 있더라도 가정을 감사로 가득 채우자. 결국 이런 부부의 감사하는 태도가 삶에 다가오는 불평과 원망의 악순환을 끊어 버리고 감사와 평안으로 가득한 삶으로 바꾸어 놓게 된다.

늘 내가 옳다고 생각하지 말고 나도 틀릴 수 있다고 생각하자

얼마 전에 서점에 가 보니 『당신이 옳다』라는 책이 있는 것을 보았다. 우리는 살아가면서 배우자에게 "당신이 옳다."라고 이야기하기보다는 내가 옳다고 이야기할 때가 훨씬 더 많은 것 같다. 남편과 아내가 서로에게 당신이 옳다고 이야기해 준다면 부부간에 싸울 일이 많이 줄어들 것이다. 부부간에 서로가 자신의 생각만이 옳다는 생각을 가지고 살아가는데 어떻게 갈등이 해결되고, 문제가 해결될 수 있겠는가? 사실 배우자의 생각이 옳다고 생각되더라도 그것을 인정하기 싫어하는 마음이 사람들에게는 있다.

"내가 이것을 인정해 주면 상대가 얼마나 기고만장할 것인가? 그래서 절대로 상대를 인정해 주지 말아야지."라는 생각을 가지고 있으면, 절대로 상대방이 옳다고 이야기해 줄 수 없다. 그런데 문제는 배우자를 이기게 해 주었다고 해서 뭐가 문제가 되는가? 우리는 부부간에 이런 신경전을 내려놓아야 한다. 결혼 전에 주변의 친구들이 이런 훈수를 두는 것을 우리는 흔히 듣는다. "결혼 초에 기선을 잡아야 한다. 배우자가 기선을 잡게 해서는 일평생 힘들어진다." 그렇지 않다. 중요한 것은 부부는 서로가 져 주고 사는 사람들이다. 서로가 져주면 역설적으로 부부 모두가 이기는 사람이 되는 것이다. 부부간에 생각이나 의견은 얼마든지 다를 수 있고, 다른 것이 정상적이라는 사실을 인정해야 한다. 내가 맞을 수도 있고, 배우자가 맞을 수도 있다는 열린 마음을 가지고 살아야 한다. 그런 태도가 부부간의 악순환의 고리를 깨뜨린다.

잘못된 일은 배우자의 탓이라고 생각하지 말고
잘된 일이 배우자의 덕이라고 생각하자

사람들은 뭔가 일이 잘못되면 다른 사람의 탓으로 변명하려는 경향이 있다. 왜 그럴까? 어떤 잘못을 했을 때 그것으로 인하여 부모님에게 혼나고 선생님에게 혼나는 것이 반복되면서 사람들은 잘못된 일이 생기면 반사적으로 자신이 잘못한 것이 아니라고 변명을 하고 다른 사람의 탓으로 돌리려는 경향이 생긴 것이다. 부부간에도 뭔가 잘못되었을 때 부부가 서로에게 탓을 하는 것은 배우자의 마음에 상처를 주어 악순환을 가져오게 만든다. 예를 들어 자녀가 수학 시험을 보았는데 점수가 좋지 않다. 그러자 남편은 아내에게 "역시 우리 아이는 당신을 닮았네. 당신도 수학을 못하더니 우리 아이도 수학을 못하네."라고 말하면 아내의 마음에는 분노가 끓어오른다. 그게 왜 내 탓인가? 아이가 공부를 안 해서 그런 거지. 그러면서 남편에게 반격을 가한다. "그러길래 아이 수학 좀 봐 주라고 당신에게 말했는데, 그렇게 수학을 잘하는 당신이 수학을 안 봐 주니까 성적이 나쁘잖아."라고 말한다. 이런 식으로 이 가정에서는 부부가 서로의 탓을 하며 서로에게 상처를 준다.

이와 같이 어떤 문제가 생겼을 때 서로에게 탓을 하기보다는 어떻게 하면 그 문제를 해결할 수 있을 것인가를 의논하는 것이 훨씬 건강한 것이다. 배우자를 비난하기보다는 배우자를 칭찬해 주고 모든 것이 배우자의 덕이라고 이야기해 보자. 우리는 배우자의 덕을 먼저 생각하고 있는가, 아니면 배우자의 문제점을 먼저 찾고 있는가? 자신을 낮추고 상대를 세워 주는 성숙한 부부가 되어 행복한 부부 관계를 만들어 가자. 행복한 부부관계는 자동적으로 되는 것이 아니라, 부부 서로의 노력으로 이루어지는 것이다.

코치의 한마디

배우자를 탓하지 말자.

배우자의 단점을 받아들이자

『사랑의 다섯 가지 언어』를 저술한 '게리 채프먼'은 결혼한 지 얼마 되지 않아서 아내에게 좋지 않은 습관이 있는 것을 알게 되었다고 한다. 아내는 서랍을 열어 놓기만 하고 닫지를 않는다는 것이다. 서랍들이 열려 있는 것을 볼 때마다 남편은 아내에게 서랍을 닫으라고 이야기를 하고는 했는데, 아내의 서랍을 닫지 않는 습관은 고쳐지지 않았다고 한다. 그러던 어느 날 드디어 사건이 터졌다. 딸아이가 서랍 앞에서 넘어져 열린 서랍의 모퉁이에 부딪쳐서 눈 주변이 찢어지는 사건이 생긴 것이다. 아내는 놀라서 아이를 데리고 병원으로 향했다. 나중에 병원으로 달려온 남편에게 아이가 눈 주변이 찢어지게 된 이유가 자신이 열어 둔 서랍 때문이라는 것을 아내는 고백했다. 남편은 올라오는 분노를 혼자서 누르고 있어야 했다. 그리고 집에 돌아와서 이 일을 어떻게 할 것인가 생각하기 시작했다.

그는 아내가 서랍을 닫지 않는 습관에 대한 대안을 적어 보기 시작했다. 첫째, 이혼을 한다. 둘째, 서랍을 열어 둔 아내에게 계속해서 서랍을 열어 두는 습관을 고치라고 잔소리를 하고 화를 내고 살아간다. 셋째, 아내가 불완전한 존재인 것을 받아들이고 열린 서랍이 있을 때마다 자신이 아내 대신 서랍을 닫는다. 가만히 생각을 해 보니 첫 번째 대안은 아니고 두 번째 대안은 아내나 자신에게도 건강하지 않은 것이고 세 번째 대안은 가능한 것으로 보였다. 아내에게 결혼 후 몇 년 동안이나 자주 서랍을 닫으라고 이야기했음에도 불구하고 아내가 고치지 못하는 것은 아내의 불완전한 부분이라고 생각하기로 했다. 사람은 누구나 불완전한 부분이 있고 단점이 있기 때문에 아내의 불완전한 부분에 대하여 앞으로 계속해서 지적한다고 해서 도움이 되지 않을 것이라고 생각했다.

그는 아내가 서랍을 열어 둘 때마다 자신이 그 서랍을 대신 닫을 것을 결심하고 매일 그렇게 실천했다고 한다. 집으로 향할 때면 "오늘도 서랍이 열려 있겠지? 그것이 아내의 약점인데 어떻게 해. 내가 받아들여야지. 나도 불완전한 존재잖아. 내가 아내를 위해서 서랍을 닫아 줘야지."라는 생각을 가지고 집으로 향했다고 한다. 집에 가면 여전히 서랍은 열려 있었고 남편은 그 열린 서랍에 대하여 아무런 소리도 하지 않고 닫아 주었다고 한다. 그 이후에 그 가정에는 서랍으로 인하여 갈등을 하지도 않았고 싸우는 소리도 들리지 않게 되었다고 한다.

가정마다 배우자의 불완전한 습관으로 고통을 받고 갈등하는 가정들이 많이 있다. 어떤 아내는 남편이 집에 들어와서 빨래를 아무 곳이나 던져 놓는 습관 때문에 고통을 받고 있다. 어떤 남편은 양말을 벗어 놓을 때 꼭 뒤집어 놓아서 아내가 빨래를 할 때 양말을 다시 뒤집어야 하는 고통 속에서 살아가기도 한다. 어떤 남편은 밤에 화장실에게 소변을 보기 전에 변기의 앉는 커버를 올리고 나서 화장실에서 나올 때 그것을 내려 놓는 것을 잊고 나온다. 그런 날은 반드시 밤늦은 시간이나 새벽에 아내가 화장실에 들어가서 비명을 지른다. 앉는 커버를 올려 둔지 모르고 그냥 변기에 앉다가 변을(?) 당한 것이다. 이런 사소한 일들로 인하여 부부는 갈등을 경험한다.

어떤 남편은 아내가 늘 치약을 짜서 쓸 때 가운데를 눌러 짜서 쓰기 때문에 치약이 늘 꺾어져 있는 것이 눈에 거슬린다. 남편이 보기에는 치약의 장례(?)를 보는 것 같아서 싫다. 어떤 아내는 생선을 튀길 때 늘 팬을 켜는 것을 잊는다. 그래서 생선만 구웠다 하면 집에 온통 생선 굽는 냄새로 진동을 한다. 요즘 그렇지 않아도 미세먼지가 심한 날이 많은데 이런

141

것 때문에 가족들의 폐 건강이 염려가 된다. 어떤 아내는 빨래를 세탁기로 돌리고 베란다에 옷을 널고 난 후에 그것을 걷는 것을 잊어버린다. 그래서 남편은 아내에게 이런 사소한 일들로 인하여 화를 내고 갈등을 경험한다.

배우자에게 이런 사소한 습관을 고쳐 달라고 남편과 아내는 일평생 이야기하고 살아간다. 그런데도 배우자는 그런 습관을 고치려고 하지 않는다. 해결책은 어디에 있는가? 배우자의 불완전함을 받아들이고 서로를 불쌍히 여기며 살아가는 것이다. 상대방이 잘 안 되는 부분을 내가 대신 채워 주어야 하겠다는 마음을 갖는 것이다. 우리는 결혼을 할 때 주례 앞에서 서약을 한다. "가난할 때나, 부할 때나 약할 때나 건강할 때나 배우자를 사랑하고 살겠다."라고 약속한다. 배우자를 사랑한다는 것이 무엇일까? 사랑은 배우자의 긍정적인 부분, 매력적인 부분만을 사랑하겠다는 것이 아니다. 배우자가 가지고 있는 단점, 배우자가 가지고 있는 연약한 부분까지도 품고 사랑하겠다는 약속이다.

행복은 부부가 서로의 불완전함을 인정하며 그 불완전함을 내가 대신 채우겠다는 생각을 가질 때 다가온다. 불행은 서로의 불완전함을 계속해서 지적하고 비난하고 분노할 때 다가온다. 오늘 우리는 어떤 삶을 살고 있는가? 배우자에게 아무리 말해도 고쳐지지 않는 부분을 지적하며 매일 분노하고 살아가고 있는가? 부부가 서로의 불완전함을 용납하고 서로의 불완전한 부분까지도 사랑해 주고 서로가 연약한 부분을 채워 주는 부부들이 되었으면 좋겠다. 거기서 부부의 행복의 꽃이 피어난다.

코치의 한마디

부부는 배우자의 장점뿐만 아니라 단점과도 결혼한 것이다.

결혼한 자녀를
부모에게서 떠나보내자

부부간의 갈등의 요인에는 많은 이유가 있지만, 그 가운데 무시할 수 없는 요인중의 하나는 자녀가 결혼한 후에도 부모가 계속해서 자녀의 결혼 생활에 관여하는 것에 있다. 부모는 자녀를 결혼을 시켰으면 결혼 후에 생기는 일에 대하여는 부부가 서로 의논을 하고 결정을 하도록 하고, 뒤에서 지켜보는 역할을 해야 한다. 자녀들이 스스로 해결이 되지 않는 문제가 있어서 부모의 지혜를 구하면 그때 부모가 조언을 해 주는 것은 좋지만, 자녀들이 충분히 생각할 여유도 갖지 않은 상태에서 부모가 먼저 자녀에게 조언을 하거나 자녀를 도와주려고 하다가는 오히려 자녀의 가정에 예상치 않는 위기를 가져다줄 수 있다는 것을 알아야 한다. 서양과는 달리 한국에서는 상당수의 부모들이 결혼한 자녀에게 영향력을 행사해서 자녀 가정에 갈등이 일어나는 것이 현실이다. 결혼한 자녀를 부모에게서 떠나보내기 위해서 알아야 할 몇 가지의 사실이 있다.

부모는 어렸을 때 자녀와의 애착 관계를 잘 형성하여 자녀가 독립된 삶을 살 수 있도록 해야 한다

자녀가 태어나면서부터 부모는 자녀에게 먹을 것을 주고 기저귀를 갈아 주며 울 때마다 안아 주고 부모가 자녀를 사랑한다는 것을 자녀에게 알게 해서 자녀와 부모와 애착(Attachment) 관계를 잘 형성해야 한다. 자녀가 부모와 애착 관계가 잘 형성이 되면 자녀의 자존감이 올라가고 자신에 대하여 긍정적인 태도를 가지고 살게 된다. 어려서부터 자녀를 인정해 주고 자녀와 다른 사람들과 비교하지 않으며 작은 것에도 자녀를 인정해 주고 칭찬해 주는 태도가 필요하다. 이런 분위기 속에서 자란 자녀는 자신의 판단과 생각의 힘을 믿고 있어서 중요한 결단을 해야 할 때 부모를 의지하지 않고 자신의 생각에 근거하여 결정을 하게 된다.

그러나 자녀와 부모 간에 애착 관계가 제대로 형성되어 있지 않으면 자녀는 자신도 모르게 불안정과 두려움을 가지고 성장하게 된다. 부모의 이해와 격려를 받지 못하고 칭찬을 받지 못하고 성장을 한 자녀는 자존감이 낮고 자신의 가치에 대하여 부정적인 태도를 가지게 된다. 이런 경우 자녀는 자신의 판단을 믿을 수 없어서 결혼을 한 후에도 부모를 의지하고, 부모의 의견에 휘둘려 살아갈 수 있다.

부모는 자녀에게 지나친 과잉보호를 하지 말고
자녀의 독립심을 키워 주어야 한다

부모는 자녀가 친구 집에 놀러 간다고 하면 혹시 그 친구 집에 놀러 갔다가 나쁜 것을 하지 않을까 하는 불안함이 있어서 친구 집에 놀러 가는 것을 잘 허락하지 못한다. 친구들과 1박 2일로 어디를 다녀온다고 하면 혹시 어디를 갔다가 안전 사고나 문제가 생기지 않을까 해서 자녀를 멀리 보내지를 못한다. 이런 부모는 자녀를 향한 금지 명령을 입에 달고 살게 된다. 자녀가 어디를 가든지 자녀의 그림자가 되어서 자녀를 따라다닌다. 어떤 부모는 자녀를 과잉보호 하려는 경향이 있다.

부모의 과잉보호 가운데 자란 사람은 나중에 어른이 되어서도 스스로 결정을 하는 힘이 약하다. 어려서부터 부모가 모든 것을 해결해 주었고 자신이 혼자 사고하고 판단하여 결정을 할 수 있는 연습이 안 되어 있어서 결혼을 해서도 그렇게 못하는 것이다. 결혼 생활을 하다 보면 부부가 의논을 하고 중요한 결단을 해야 할 때가 많이 있다. 그러나 그런 때에 과잉보호를 받고 자란 사람은 자신의 힘으로 결단을 하지 못해서 부모의 판단을 의지하려는 경향이 있다. 배우자는 이런 모습을 보면서 부부간의 대화를 통하여 제대로 된 결정과 판단을 하지 못하고 부모를 의지하는 상대에게 실망하고 속상한 마음을 갖게 되는 것이다. 그래서 부모는 자녀가 어려서부터 자녀에게 과잉보호를 하지 말고 독립심을 길러 주는 것이 중요하다.

부모는 어려서부터 자녀에게 재정적인 독립을 가르쳐야 한다

부모는 자녀에게 어려서부터 재정 관리를 어떻게 해야 하는지를 가르쳐 주어야 한다. 저축을 하고 아파트 청약 저축 통장을 만들고 어떻게 투자를 해야 하는가를 자녀에게 가르쳐야 한다. 필자가 미국에서 생활할 때 주변의 미국인들의 가정에서 자녀들이 결혼을 하는 것을 보며 한국과는 큰 차이가 있는 것을 볼 수 있었다. 미국에서는 한국과는 달리 자녀가 결혼을 할 때 결혼식 비용 외에는 자녀가 부모에게 결혼에 따른 재정적인 부담을 주지 않는다. 미국에서 신혼부부는 결혼을 하면서 월세 집에서부터 시작한다. 부부가 대부분 맞벌이를 하고 집을 사기 위해서 저축을 한다. 집값의 약 20% 정도가 모이면 부부는 그 돈으로 계약금을 주고 집을 사고 나머지 금액은 20년에서 30년 동안 은행에서 융자를 받아서 원금과 이자를 갚아 간다. 자녀들은 결혼을 하면서 부모에게 큰 짐을 주지 않고 자립하여 살아가는 것이다.

한국의 경우에는 자녀가 결혼할 때 생활할 수 있는 공간을 마련해 주어야 하기 때문에 부모가 재정적인 어려움을 갖게 된다. 살던 집을 판 부모는 작은 집으로 옮겨 가고, 자녀에게 집을 얻어주어 경제적으로 어려움에 처하게 되는 경우도 있다. 이렇게 되면 부모는 자연히 노후에 자녀에게 경제적으로 의존하게 되고 결혼한 자녀는 부담감을 가지고 살 수밖에 없는 구조다. 한국에서도 결혼 문화를 바꾸어야 한다. 자녀의 결혼으로 인하여 부모가 재정적인 어려움에 처하게 되어 노후에 경제적으로 어려움을 당하게 해서는 안 된다. 이것은 부모와 자녀 모두에게 불행의 씨앗을 심는 것이기 때문이다. 자녀는 결혼을 할 때 부모에게서 재정적으로도 독립을 하여야 하고 부부가 하나씩 이루어 가는 재미를 경험하며 살아가는 것도 행복한 일이다.

코치의 한마디
....
자녀와 애착관계를 잘 형성하자.

은퇴 후의 부부관계도
미리 준비해야 한다

　은퇴를 하면 부부 관계에는 큰 변화가 다가온다. 남편이 외벌이를 하는 부부의 경우, 은퇴 전에는 남편이 아침 일찍 나가서 저녁에 들어오는 것이 당연한 일이었다. 그러나 은퇴를 하면서 남편은 집에 있는 시간이 많이 늘어난다. 아내의 입장에서 보면 남편의 은퇴 전에는 직장 생활을 하고, 아내는 낮에는 가사를 돌보고 쉬기도 하고 자신의 시간을 갖고 친구를 만나든지 했는데 남편이 은퇴 후에 매일 집에 있으면서 혼자 있을 수 있는 시간이 사라지게 되는 것이다. 부부가 같이 있는 시간이 많아지면서 좋은 것도 있지만 대부분의 부부에게는 갈등이 올 수 있는 가능성이 많아지게 된다.

이런 갈등으로 인하여 황혼 이혼이 늘어나고 있다는 것도 우리가 주목해야 할 부분이다. 어떻게 하면 은퇴 후에도 부부관계를 부드럽게 유지할 수 있을까?

은퇴 후에도 부부가 서로를 인격적으로 대하자

결혼 생활이 오래된 부부는 서로가 친숙하기 때문에 함부로 말을 하기 쉽다. 그러나 부부는 세월이 갈수록 더욱 인격적인 관계를 유지하지 않으면 안 된다. 은퇴의 시기가 되면 남편은 여성 호르몬이 증가하고 아내는 남성 호르몬이 증가한다. 그래서 남편이나 아내나 육체적으로, 심리적으로 예상치 못했던 변화를 경험하게 된다. 이때 남편과 아내는 서로의 변화에 주의하며 부부간에 서로를 인격적으로 대하는 것이 중요하다. 나이가 들어도 부부가 서로를 귀히 여기고 인정하고 이해하며 어려운 시절을 함께해 온 배우자에게 감사하는 마음을 가지고 자주 감사하다는 말을 해 주며 살아야 한다. 내가 아는 어떤 은퇴한 부부는 서로에게 존댓말을 한다. 부부가 나이가 들면서 서로에게 존댓말을 쓰는 것도 참 좋다고 생각이 된다. 서로를 존중하는 태도가 말에서 묻어 나오기 때문이다.

은퇴 후에 할 수 있는 취미를 만들자

어떤 사람은 취미가 없어서 은퇴 후에도 힘들어한다. 할 일이 없다 보니, 자연히 배우자에게 더 관심을 갖게 되고 예전에는 하지 않았던 참견도 하며 부부간의 갈등의 요소가 더욱 많아지게 된다. 배우자의 입장에서는 관심이라고 하지만 상대의 입장에서는 예전에 하지 않던 참견을 하니 스트레스가 되는 것이다. 이런 스트레스를 줄이기 위해서 은퇴 전에 남편이나 아내나 자신이 좋아하는 취미를 만들어 자신의 관심을 쏟을 수 있는 장치를 마련해 두는 것이 좋다. 하루에 몇 시간 동안은 서로가 자신의 취미에 집중하여 서로에게 말을 걸거나 참견을 하지 않는 것이 좋다.

혼자 할 수 있는 취미 생활과 부부가 서로 공유할 수 있는 취미가 있어도 좋다. 등산, 여행, 영화 보기, 독서하기, 글쓰기 등 부부가 공유할 수 있는 취미가 있으면 부부는 같이 즐거운 시간을 보낼 수 있다. 영화를 보거나 책을 읽고, 느낀 점을 이야기하는 것도 좋은 취미가 될 수 있다. 어떤 부부의 경우를 보면, 남편은 글을 쓰는 것을 좋아하고 아내는 그림을 그리는 것을 좋아하는 부부가 있다. 그들은 은퇴를 하면서 책을 내는 것을 목표로 남편은 글을 쓰고 아내는 그 책의 그림을 그려서 책을 완성하였다. 참 환상적인 조화를 이루는 부부가 아닌가? 평소에 관심이 있었던 부분에 깊고 많은 독서를 통하여 자신이 관심이 있는 영역에 있어서 전문가가 되어 글을 쓰고 강의를 하는 것도 좋은 취미가 될 것이다. 이것은 독서하는 취미를 키워 줌과 동시에 강연을 통하여 내가 가지고 있는 지식을 다른 사람에게 전달해 줄 수 있는 좋은 기회가 된다. 카카오 브런치에 글을 써서 책을 출판을 해 보는 것도 좋은 취미가 될 것이다.

은퇴 후에 취미를 통하여 수입을 얻으려는 사람들이 늘고 있다. 예를 들면 캘리그라피, 공예, 목공, 요리 등을 배워서 취미 생활을 하고, 퇴직 후에도 자신이 문화교실을 열어서 다른 사람에게 가르쳐서 재정적인 도움을 받을 수 있는 도구로 사용할 수도 있다. 은퇴 전에 상담을 배워서 은퇴 후에는 청소년 상담을 하는 사람들도 있다. 요즘 유튜브 방송을 통한 일인 방송이 대세이다. 은퇴하기 전에 유튜브로 일인 방송을 하는 것을 배워서 일주일에 한 편씩 방송을 올리는 사람들이 늘어나고 있다. 자신이 직장 생활을 하면서 가졌던 경험을 나눌 수도 있다. 직장에서 쌓인 인간관계의 노하우, 사업의 경험 등은 비교할 수 없는 대단한 가치를 가진 것이다. 이와 같이 자신이 가지고 있는 지혜를 나눔으로 많은 사람들에게 유익을 주고, 유튜브로 수익을 창출할 수 있는 기회가 되는 것이다. 유튜브 스타가 된 한국의 어떤 할머니는 손녀와 함께 유튜브를 시작하였다. 할머니는 자신의 살아가는 소소한 이야기를 들려줌으로써 다른 사람에게 즐거움을 줄 뿐만 아니라 자신의 삶의 활력소를 얻고 있다.

은퇴 후의 버킷 리스트를 만들어 보자

버킷 리스트는 '자신이 죽기 전에 꼭 해 보고 싶은 일을 적은 리스트'를 말한다. 대부분의 부부들은 결혼을 하여 신혼 생활을 시작하면서 곧이어 자녀를 낳게 되고 일평생 자녀의 뒷바라지를 위하여 애쓰다가 대부분 은퇴를 맞이하게 된다. 은퇴를 하면서 자신이 꼭 해 보고 싶었던 일들의 리스트를 작성하여 그것에 도전해 보는 것도 의미 있는 일이다. 어떤 사람은 젊었을 때 스킨 스쿠버를 배우고 싶었다. 그러나 그것은 그에게 있어서 사치였다. 그럴 시간도 없었고 자신을 위해서 그렇게 쓸 돈도 없었다. 그러나 그런 꿈이 있다면 지금이라도 버킷 리스트에 기록하고, 은퇴 후에 스킨 스쿠버에 도전해 보는 것이다.

어떤 사람은 부모가 직장인이 되라고 해서 직장 생활을 하느라 자신이 좋아하던 음악을 포기해야 했다. 그렇다면 은퇴 후에 새롭게 악기를 배우고 음악을 해 보는 것도 좋다. 어떤 사람은 한 달 동안 긴 시간을 내서 세계 여행을 하는 꿈을 가지고 있었다. 그러나 직장 생활을 하면서 한 달의 시간을 들여 세계 여행을 한다는 것은 불가능한 일이었다. 그렇다면 버킷 리스트에 기록하고 여행을 위한 자금을 모으고 은퇴를 하고 세계 여행에 도전하는 것도 좋다. 세계 여행을 계획하고 여행을 다녀와서 자신의 여행기를 책으로 써서 출판을 하는 분도 있다. 버킷 리스트에 기록

하고, 준비하며 살아갈 때 가슴이 뛰고 은퇴 후의 삶이 기대가 되는 열정적인 삶을 살게 되는 것이다.

은퇴 후의 건강을 위해서 부부가 운동을 하자

은퇴를 하고 나면 생활의 리듬이 깨져서 살이 찌거나 운동량이 많이 부족해질 수 있다. 그래서 은퇴 전부터 꾸준하게 운동을 하는 습관을 붙여야 한다. 은퇴를 했다고 습관이 되지 않은 운동을 바로 시작하기는 쉽지 않기 때문이다. 스트레칭, 달리기보다는 쉽게 할 수 있는 조금 빨리 걷기를 한다든지 다리의 근력을 키우고 팔의 근력을 키울 수 있는 근력 운동을 하는 것이 중요하다. 운동을 하여 적절하게 배고픔과 피로감을 느낄 때 식사와 수면에도 도움이 되어 건강을 유지하는 데 있어서 중요한 역할을 한다. 은퇴 후에 단순히 오래 사는 것이 중요한 것이 아니라 건강하게 오래 사는 것이 중요하다.

코치의 한마디

은퇴 후의 취미를 미리 준비하자.

5부

성공적인 자녀 코칭

자녀에게 멘토가 되는 아버지가 되자

어떤 아버지가 자녀를 자존감이 높은 자녀로 양육하는 것일까? 스테판 폴터는 『아버지』라는 책에서 아버지에 대하여 다섯 가지의 유형을 제시하고 있다. 그중 '배려하는 멘토형의 아버지'가 자녀를 자존감이 높은 자녀로 양육한다고 이야기한다. 우리는 우리 자신이 어떤 부모인지 스스로 점검해 보고, 자녀들을 자존감이 높은 자녀들로 양육하는 부모가 되기를 원한다. 스테판 폴터가 말하는 아버지의 다섯 가지 유형에 대하여 생각해 보자.

성취 지상주의 유형의 아버지

이런 아버지는 늘 자녀들에게 '좋게 보이고' 무엇보다 '이기는 것'이 중요하다고 말한다. 자녀가 평균 이상의 성적을 받을 때에는 반응을 보이지만 그렇지 않을 때는 자녀에게 반응을 보이지 않는다. 자녀의 '외모'와 '성공'을 강조한다. 자녀들은 이러한 아버지 아래서 성장을 하면 남을 배려하는 마음을 갖지 못하고 경쟁적인 성품을 가지게 된다.

시한폭탄 유형의 아버지

자신의 분노를 자녀와 배우자, 동료 그리고 세상을 향해 폭발한다. 언제 화를 터뜨릴지 예측할 수 없어서 자녀들이 만성적인 감정 폭발에 끊임없이 노출되어 살아간다. 한마디로 아버지는 집에서 '소리 지르는 사람'으로 인식되어 있다. 자녀들은 정서적 불안감을 느끼며, 혼란과 두려움을 가지고 살아간다. 자녀들은 이런 아버지를 기피하고 자신을 기피하는 자녀를 보면서 아버지는 더욱 화가 난다. 이런 아버지는 늘 이런 말을 잘한다. "나는 화가 나면 그때뿐이지 뒤끝이 없는 사람이야."

수동형 유형의 아버지

이런 유형의 아버지는 일에 대한 헌신, 정직과 책임감을 중시한다. 직업을 평가할 때 안정성을 가장 중요하게 여기고 소극적인 삶의 태도를 가지고 살아간다. 자녀나 동료, 친구에게 파괴적인 행동이나 학대하는 말을 하지도, 생각하지도 않는다. 가정에서 아버지는 아내의 계획과 결정을 재정적으로 지원한다. 여기까지만 읽어 보면 이런 아버지는 완벽한 아버지인 것 같다. 그러나 자녀의 양육에 있어서도 소극적이어서 자녀들은 인간관계에 있어서 아버지의 영향으로 소극적이며 다른 사람들과 정서적인 유대감을 갖기 어려워한다. 이런 유형의 아버지는 자녀들은 그냥 두면 혼자서 잘 크는 것으로 생각한다. 정말 그럴까?

부재형 유형의 아버지

아버지가 자녀들의 양육에서 벗어나 있고 그에 따른 책임감도 없다. 정서적으로만 개입하지 않는 것이 아니라 가족생활에 참여하고자 하는 의지 자체가 없다. 경제적으로 필요한 것도 책임지지 않기도 한다. 내가 아는 어떤 아버지는 직장에서 돈을 벌어서 아내에게 생활비를 주지 않는다. 그래서 아내는 생활비를 벌기 위하여 동분서주한다. 이런 유형의 아버지는 가장 기본적인 수준에서도 자녀와 교류를 하지 않는다. 한마디로 아버지는 자녀의 삶에서 '떠나' 있다. 이런 아버지의 태도에서 자녀들은 아버지가 자신들을 버린 것으로 느끼고, 거부당한 마음으로 깊은 정서적 상실감을 가지고 살아가게 된다.

배려하는 멘토 유형의 아버지

이런 유형의 아버지들은 다른 아버지들이 굳이 할 필요 없다고 생각하거나 시간이 없어서 안 하는 일들까지 자녀와 함께한다. 자녀의 삶을 가치 있게 만들고 자녀를 양육하는 데 자신이 어떤 역할을 하는지 정확히 이해하고 있다. 자녀가 자신의 꿈과 장점, 희망을 건강한 방식으로 추구하도록 힘을 불어넣어 준다. 아버지로서의 정서적 애착을 일관되게 유지한다. 자녀들은 아버지의 이러한 태도에서 정서적 안정감을 가지고, 자긍심, 공감, 일관성을 가지고 성장하여 건강한 자아상을 가지고 살아간다. 이런 유형의 아버지의 양육을 받은 자녀들은 자존감이 높다.

우리는 어떤 아버지, 어떤 부모 아래에서 성장했는가? 중요한 것은 어떤 부모에서 성장했는가에 따라서 내가 나의 자녀들에게 대하는 태도가 달라진다는 것이다. 나의 아버지가 어떤 유형인가에 따라서 나도 그런 유형의 아버지가 되기 쉽다. 오늘 우리는 어떤 유형의 부모인가? 자녀들에게 배려하는 멘토형의 부모인가? 아니면 자녀들의 삶에서 떠나 있는 부모인가? 문제는 우리가 배려하는 멘토형의 부모 아래서 성장하지 않았다면 우리가 자녀들의 삶에 어떻게 개입해야 하는지를 모르고 있다는 것이다. 아버지들은 자녀들과 어떻게 소통을 하며, 어떻게 자녀를 양육해야 하는지를 모른다면 의도적으로 자녀 양육에 대하여 배워야 한다. 그래서 좀 더 적극적으로 자녀들의 양육에 개입하여 자녀들과 소통해야 한다. 부모는 자녀들이 어릴 때 자녀들과 같이 좋은 추억을 만들고 좋은 관계를 만들어야 한다.

코치의 한마디

자녀와 시간을 보내고 대화하는 아버지가 되자.

사랑을 표현하는 아버지가 되자

 "종은 울리기 전까지는 종이 아니고, 사랑은 표현하기 전까지는 사랑이 아니다."라는 말처럼 우리는 자녀들에게 사랑을 표현하며 살아야 한다. 한국의 아버지들은 자녀에게 사랑의 표현이 서툰 경우가 많은 것 같다. 아버지들이 자신의 아버지로부터 적절한 사랑의 표현을 들어 본 적이 별로 없기 때문에 자신도 자녀들에게 사랑의 표현을 잘 하지 못하는 것이다. 우리 어릴 적에는 아버지들은 "아버지는 엄해야 하고, 자녀들을 향한 사랑은 마음으로만 간직하는 것이지 겉으로 표현을 해서는 안 된다."라는 생각을 많이 했다. 그러나 자녀들은 아버지가 자신들을 안아 주고 자신을 사랑한다는 말을 하지 않으면 자신은 아버지에게서 사랑받지 못한다고 생각하기 쉽다. 우리는 어떤 아버지가 되어야 할까?

자녀들에게 사랑의 표현을 자주 하는 아버지가 되자

아버지는 자녀들에게 사랑한다는 말을 자주 하고, 자녀들이 잘한 것에 대해서는 칭찬해 주고, 자녀들이 힘들고 어려워하는 것에 대해서는 격려의 말을 해 주어야 한다. 자녀들이 어릴수록 아버지가 자녀들을 안아 주면서 사랑한다고 표현하고 자녀들에게 격려의 말을 해 주면 자녀들은 자신이 가치 있는 존재임을 인식하고 성장한다.

자녀들에게 시간을 내어 주는 아버지가 되자

현대의 아버지들은 바빠서 자녀들과 함께하는 시간이 부족하다. 아이들은 많은 시간을 엄마와 같이 보낸다. 그러나 엄마뿐만 아니라 아버지도 자녀들의 삶 속에 깊이 개입해야 한다. 자녀 양육에 있어서 엄마의 역할과 함께 아버지의 역할도 중요하기 때문이다. 아버지는 저녁 시간이나, 주말에 자녀들과 시간을 보내고 어릴 적부터 자녀들의 마음속에 좋은 추억을 남겨 주어야 한다. 자녀들에게 좋은 추억을 남긴 아버지는 세월이 지나도 자녀들의 마음속에 남아 있다.

자녀들에게 옳고 그름의 분명한 선을 그어 주는 아버지가 되자

좋은 아버지는 무조건 자녀들이 원하는 것을 허락하는 아버지가 아니다. 자녀들의 의견을 들어 보고 자녀들이 원하는 것이 결국 자녀들에게 유익이 되는지를 살펴본 후 자녀들에게 허락을 하든지 반대를 하든지 해야 한다. 이 상황에서 자녀들의 감정을 상하게 하거나 자녀들의 마음속에 억울함을 남기지 말아야 한다. 안 된다면 안 되는 이유를 확실히 설명해 주고, 자녀들이 이해할 수 있도록 해 주어야 한다.

자녀들에게 꿈과 비전을 심어 주는 아버지가 되자

아버지가 자녀에게 물려주는 것은 단지 물질적인 유산만이 되어서는 안 된다. 아버지는 자녀들에게 꿈과 비전을 유산으로 물려주어야 한다. 성공한 사람들의 이야기를 많이 들려주고, 그들이 성공할 수 있었던 이유를 같이 나누는 것도 중요하다. 마이크로소프트의 설립자 빌 게이츠는 어려서부터 아버지와 식사 시간에 많은 이야기를 나누었다고 한다. 빌 게이츠의 아버지는 어려서부터 자녀가 꿈을 가지고 살도록 꿈과 비전을 나누었다. 인생에 있어서 문제는 누구에게나 다가온다. 어려움을 극복한 사람들의 이야기를 자녀들과 나누고 꿈과 비전을 품고 어려움을 극복할 수 있도록 자녀들에게 가르쳐 주어야 한다.

자녀들에게 경제 교육을 시키는 아버지가 되자

미국의 유명한 사업가 록 펠러는 그의 아들 록 펠러 2세에게 어려서부터 경제 교육을 시켰다. 수입을 3등분하여 생활비로 쓸 부분과 저축을 할 부분과 기부를 할 부분으로 가르쳤다고 한다. 어려서부터 용돈기입장을 작성하게 하여 수입과 지출을 늘 체크하도록 하고, 저축을 생활화하도록 했다고 한다. 록펠러의 경제 교육을 받은 록 펠러 2세는 자신의 자녀들에게도 경제 교육에 대하여 중요성을 두고 가르쳤다고 한다. 우리도 아이들에게 이와 같이 돈을 어떻게 쓰고 어떻게 저축하며 어떻게 기부를 할 것인가를 어서부터 가르쳐야 한다. 자녀들이 어려서부터 경제 신문을 읽도록 하고, 은행에 통장을 만들어 주어 저축을 할 수 있도록 해 주고 각종 투자에 대하여 알려주어 경제에 대하여 익숙하도록 가르치는 것이 좋다.

코치의 한마디
∙∙∙∙∙∙∙∙∙∙∙∙∙∙∙∙∙∙∙∙∙∙∙∙∙∙∙∙∙∙∙∙∙∙∙∙∙
자녀에게 사랑을 표현을 하고 격려하는 아버지가 되자.

자존감이 높은 자녀로 양육하자

　자존감이란 '자신을 가치 있게 평가하는 마음'을 말한다. 자신의 가치를 높게 평가하고 자신을 사랑하면 자존감이 높은 사람이고 자신의 가치를 낮게 평가하고 자신을 사랑하지 않으면 자존감이 낮은 사람이다. 자존감이 높은 사람은 스스로의 가치도 높게 평가하지만 다른 사람과도 따뜻하고 좋은 관계를 가지고 살아간다. 우리는 어떻게 하면 자녀의 자존감을 높일 수 있을까? 부모가 실천할 수 있는 네 가지 전략을 생각해 보고자 한다.

자녀가 자율성을 가지고 스스로 할 수 있는 기회를 주자

아기는 자신의 힘으로 밥을 먹으려고 하고 자신의 힘으로 걸어 보려고 하고 자신의 힘으로 무엇인 가를 해 보려는 자율성의 시기를 지난다. 이때가 자존감 형성에 있어서 아주 중요한 시기이다. 혼자 밥을 먹으려고 하니 밥을 많이 흘리고 반찬을 흘릴 수 있다. 입에 들어가는 밥보다 바깥에 떨어지는 밥이 더 많을 수 있다. 그렇다고 해서 부모가 아이를 야단치고 "너는 잘 못하니 엄마가 먹여 줄게. 너는 그냥 먹기만 해."라는 식의 양육 태도를 가진다면, 자녀는 자율성을 제대로 키울 수 있는 기회를 잃어버린다. 아이는 "나는 스스로 할 수 있는 것이 없구나." 하는 생각을 하고 그래서 자신에 대한 가치를 제대로 인식하지 못하고 자존감이 낮아지게 되는 것이다.

부모가 모든 것을 해 주려고 하는 태도는 자녀의 자율성을 갉아먹는다. 자녀들이 스스로 할 수 있는 자율성을 빼앗아 가기 때문에 큰 문제가 되는 것이다. 부모는 자녀를 양육하면서 부모가 모든 것을 해 주려고 하기보다는 자녀가 스스로 할 수 있도록 기회를 주어야 한다. 부모는 자녀에게 놀라운 능력이 있다는 것을 이야기해 주어야 한다. 자녀 스스로 생각해 보고 결단하고 시도해 볼 수 있도록 기회를 주어야 한다. 그래서 작은 것부터 스스로 뭔가를 이루어 가고 완성해 가는 경험을 할 수 있도록 해 주어야 한다. 문제를 만났을 때 그 문제를 어떻게 해결할 것인가를 스스로 생각해 보고 그 문제를 해결을 위해서 여러 가지 시도를 해 보고 때로는 실패를 경험하기도 하고 그 실패를 통하여 문제를 해결하는 능력을 갖추게 되는 것이다. 그럴 때 자녀는 자신이 어떤 일이라도 해결할 수 있는 능력이 있는 존재라는 것을 인식하게 되며 자존감이 높아지게 된다.

자녀에게 사랑을 표현하고 격려를 아끼지 말자

자녀들을 키우면서 부모는 자녀에게 많은 표현을 하는 수다스러운 사람이 될 필요가 있다. 자녀를 양육하면서 과묵한 부모는 말을 아낀다. 말해 주지 않아도 자녀들이 자신들이 부모에게 사랑받고 있다는 것을 다 알 것이라고 생각한다. 그러나 자신의 어린 시절을 생각해 보면 그것이 얼마나 잘못된 생각인가를 알게 된다. 어린 시절에는 부모가 자녀에게 사랑의 표현을 하고 자주 안아 주지 않으면 부모가 자신을 사랑하는지 자녀들은 모르는 경우가 많다. 부모의 사랑에 굶주리게 되는 것이다. 자녀는 부모가 말을 하지 않으면 모른다. 그래서 부모는 자녀를 자주 안아 주고 사랑을 표현하고 격려해 주는 것을 잊지 말아야 한다. 사랑을 표현하고 격려해 줄 때 자녀의 자존감이 높아진다.

　어떤 분의 이야기이다. 그분은 사람들 앞에 서면 유난히 부끄러움을 많이 타고 자존감이 낮은 분이었다. 왜 자신이 그렇게 부끄러움을 타고 자존감이 낮은가 생각해 보니 어린 시절의 한 사건이 생각났다고 한다. 그분은 초등학교에 들어가면서 미술시간에 그림을 그리는 것이 좋았다. 그래서 집에 와서 학교에서 엄마를 그려서 선물해야겠다고 생각했다. 열심히 그림을 그려서 엄마에게 가져다 드렸다. 그 그림을 보고 엄마는 많이 웃었다고 한다. 엄마는 "내가 이렇게 생겼나?" 하며 아이를 놀렸다고 한다. 그 순간 그분은 부끄러워 어쩔 줄을 몰랐다고 한다. "아! 나는 그림을 잘 못 그리는구나!" 하는 생각과 함께 자신을 가치 있는 존재로 보지 못하며 마음속에 깊은 부끄러움을 갖게 된 것이다. 그 이후의 그분의 마음에는 낮은 자존감이 형성되게 되어 쉽게 부끄러움을 타고 사람들 앞에 잘 나서지 못하는 사람이 되었다고 한다.

　우리는 자녀들이 어떤 글을 쓰거나 그림을 그려 부모에게 가지고 왔을 때 무조건 자녀를 인정해 주고 칭찬해 주는 것을 잊지 말아야 한다. 자녀가 도전하고 열심히 노력했다는 것 자체에 의미를 두고 박수를 쳐 주어야 한다. 피카소가 유명한 화가가 된 배후에는 그의 어머니가 있었기 때문이라고 한다. 피카소의 어머니는 피카소에게 무한 긍정을 보였다고 한다. 피카소의 어머니는 피카소가 어떤 그림을 그려도 비난하지 않고 그를 믿어 주고 그를 칭찬해 주었다고 한다. 결국 피카소는 세계 최고의 화가가 되었다.

자녀의 단점보다는 장점에 집중하자

부모들은 자녀가 시험 점수를 받아 왔을 때 어떤 과목은 좋은 점수를 받고, 어떤 과목은 좋은 점수를 받지 못했으면 좋은 점수를 받은 것을 칭찬하기보다는 좋지 못한 점수를 받은 과목에 초점을 맞추어서 자녀를 혼내기 쉽다. 여기서 우리가 주목해야 할 것은 자녀의 단점에 초점을 맞추기보다 장점에 초점을 맞추는 것이 자녀의 자존감을 높이는 데 도움이 된다는 사실이다. 좋지 않은 점수를 받은 과목이 신경이 쓰이는 것은 사실이다. 그러나 자녀가 잘한 것보다 못한 것에 너무 초점을 맞추면 자녀가 의기소침해지고 자존감이 낮아지기 쉽다. "이 과목은 좋은 점수를 받았네, 수고했다. 네가 이 과목을 잘하는구나."라는 식으로 아이의 장점에 집중해 줄 필요가 있다.

칭찬하고 격려해 주고 난 다음에 마지막에 못한 과목에 대해서는 잠깐 이야기하는 것이 좋다. "다른 과목은 잘했는데 이 과목은 조금 어려웠나 보지? 뭐가 힘들었니?"라고 문제점이 무엇인지 생각해 보게 하는 것이다. 아이들은 이미 시험을 보면서 자기가 어떤 문제를 잘 풀고, 어떤 문제를 잘 풀지 못하는지를 알고 있다. 잘못 푼 문제에 대해서는 오답노트를 만들어서 자꾸 틀리는 문제를 적어 놓고 그런 문제를 집중적으로 풀어 보게 하면 된다. 중요한 것은 장점에 초점을 맞추자는 것이다. 잘하는 것을 칭찬해 주고 장점에 초점을 맞추어 줄 때 아이들은 높은 자존감을 가지고 성장하게 된다.

자녀가 외적인 것에 초점을 맞추지 말고 내면에 초점을 맞추게 하자

자존감이 낮은 사람은 내면보다는 외적인 것에 신경을 더 쓴다. "사람들이 내가 입고 있는 옷에 신경을 쓰지 않을까?" 그래서 늘 새 옷에 관심이 많고 마음에 안 드는 옷을 입고 나가면 자신감이 없다. "사람들이 내 가방에 신경을 쓰지 않을까?" 그래서 명품 가방을 들어야만 할 것 같다. "사람들이 내 몸매에 관심을 가지고 있지 않을까?" 사람들이 자신만 바라보고 있는 것 같고 몸매에 자신이 없어서 늘 힘들어한다. "사람들이 내 이름을 이상하게 여기지 않을까?" 생각하며 사람들이 자신의 이름을 부를 때마다 부끄럽다. 자존감이 낮은 사람은 이와 같이 자신의 외적인 것에 신경을 많이 쓰고 그런 일에 너무나 많은 에너지를 쓴다. 그것은 우리의 내면이 건강하지 않고 자존감이 높지 않기 때문이다.

사실 다른 사람들은 우리가 무슨 옷을 입고 있는지, 우리가 무슨 가방을 드는지 별로 관심이 없다. 옷을 깨끗하게 입고 다니기만 하면 내가 무슨 옷을 입고 다니든지 사람들은 관심이 없다. 그러나 자존감이 낮은 사람은 사람들이 나만 바라보고 있고 나를 평가하고 있는 것 같은 생각이 들어서 스스로 고민하는 것이다. 우리의 내면이 건강하다면 어떤 옷을 입고 있어도, 어떤 가방을 들고 다녀도, 내 몸매가 어떻다고 해도 신경 쓸 필요가 없다. 내 이름이 마음에 안 들어도 문제가 될 것이 없다. 내면이 건강하면 그런 것들은 문제가 되지 않기 때문이다. 부모는 자녀에게 어려서부터 건강한 내면을 가지고 높은 자존감을 가지고 살 수 있도록 도와주어야 한다.

높은 자존감을 가지고 살아가는 자녀는 어떤 인생의 어려움과 실패가 다가와도 그것을 이길 수 있는 힘이 있다. 부모는 자녀가 높은 자존감을 가지고 살아갈 수 있도록 자녀들을 양육해야 한다.

코치의 한마디

자녀의 가치를 인정해 주자.

성공하는 태도를 가진 자녀로 양육하자

　　많은 사람들은 성공하기를 원한다. 일반적인 관점으로 보면 성공하려면 좋은 대학을 나오고 해외에 나가 영어 연수를 해서 높은 영어 점수를 가지고 있으며 전문 분야에 풍부한 지식과 경험을 가지고 있어야 한다고 생각할 수 있다. 그러나 많은 사람들의 성공 스토리를 읽어 보면 공통적으로 나오는 요소가 있다. 인생을 성공으로 이끄는 가장 중요한 요소는 그 사람이 가지고 있는 '태도'다. 성공하는 사람은 그렇지 않은 사람과 삶을 대하는 태도가 다르다는 것이다. 자녀에게 어떤 태도를 가지고 살도록 양육해야 할까?

어떤 문제를 만나도 낙심하지 않는 '긍정적인 태도'를 갖게 하자

인생을 성공적으로 살아가는 데 있어서 가장 중요한 태도는 매사에 긍정적인 자세를 가지고 살아가는 것이다. 살아가다 보면 우리는 많은 문제를 만난다. 문제를 만날 때 긍정적인 사람은 그 문제 가운데도 돌파구가 있을 것을 기대하며 포기하거나 낙심하지 않는다. 그러나 부정적인 사람은 문제를 만날 때 쉽게 낙심하고 당면하는 문제에 대하여 다른 사람의 탓만을 하고 살기 쉽다. 그런 태도로는 아무런 발전을 기대할 수 없다.

우리 주변에 성공한 사람들을 보면 그들은 어떤 상황에서도 긍정적인 태도를 가지고 살았던 것을 볼 수 있다. 미국 사람들에게 미국의 대통령 가운데 가장 존경하는 사람이 누구냐고 물어보면 많은 사람들은 미국의 16대 대통령 '아브라함 링컨'이라고 대답한다. 링컨 대통령은 남북 전쟁을 통하여 흑인 노예들에게 자유를 준 대통령으로 유명하지만, 그의 포기하지 않는 긍정적인 태도를 보여준 것으로도 유명하다. 아브라함 링컨의 인생은 실패의 연속이었다. 그는 22세에 사업을 시작했으나 실패했다. 23세에 주 의회에 출마했으나 낙선했다. 24세에 다시 사업을 시작했으나 또 실패했다. 29세에 의회 의장직에 나갔다가 낙선했다. 31세에 대통령 선거 위원으로 나갔으나 실패했다. 34세에 국회의원에 출마했으나 낙선했다. 그 이후에도 그는 계속해서 도전하고 또 실패를 반복했다. 그러나 그는 포기하지 않았다. 어떤 어려움이 다가와도 긍정적인 태도를 버리지 않았다. 그는 51세에 미국의 대통령에 출마하여 드디어 미국의 16대 대통령이 되었다. 세상의 그 누구도 아브라함 링컨을 실패자로 기억하지 않는다. 그의 포기하지 않는 긍정적인 태도가 결국 그를 성공자로 만든 것이다.

사람들의 마음속에는 두 마리의 개가 살고 있다고 한다. 한 마리는 '긍정이라는 개'이고, 다른 한 마리는 '부정이라는 개'이다. 문제는 그 사람의 마음속에 어떤 개가 더 활발한가는 그 마음의 주인에게 달려 있다는 것이다. 어떤 개에게 계속 먹이를 주는가에 따라서 그 개가 더 활발하게 된다는 것이다. 우리는 '긍정'이라는 개에게 먹이를 주어야 한다. 우리의 마음에 긍정이라는 개가 활발하게 움직일 때 어떤 어려움과 문제가 다가와도 그 문제와 어려움을 극복하고 나갈 수 있게 되는 것이다.

현실에 안주하지 말고 '혁신'을 추구하는 것을 가르치자

사람들은 안정된 삶을 추구하려는 경향이 있다. 직장에 출근을 하면서 승진을 하고 그 직장에서 은퇴할 때까지 무사하게 직장 생활을 하려는 사람들이 많이 있다. 우리는 불확실한 시대를 살아가고 있기 때문에 안정된 삶을 추구하는 것은 당연한 것일 수 있다. 그러나 우리가 그렇게 안전한 지역(Comfort Zone)에 머무는 삶을 살다 보면 발전을 하지 못할 수 있다.

나는 애플의 '아이폰'이 처음 나왔을 때 그 신선한 충격을 지금도 잊지 못한다. 당시에 나는 PDA를 사용하고 있었다. 그 PDA는 전자수첩의 기능을 가지고 있는 것이었다. 별도의 휴대폰도 있었고 별도의 카메라도 있었고 카세트 녹음기를 통하여 음악도 들었다. 그런데 이미 존재하는 전자수첩, 휴대폰, 카메라, 음악 녹음기를 하나의 기기에 넣어서 간단하게 휴대하고 다닐 수 있는 아이폰은 혁신 그 자체였다. 내게 있어서 아이폰은 고정관념에 사로잡혀서 살아가는 삶의 자리를 박차고 나와서 혁신을 향하여 도전하라는 외침으로 보였다. 이미 세상에 모두 존재하는 요소들이었지만 그 모든 것을 하나의 디지털 기기 안에 넣고 아름다운 디자인으로 세상에 내놓았을 때 그것을 통하여 도전을 받은 것은 나만이 아닐 것이다.

'스티브 잡스'가 스탠퍼드 대학교의 졸업식에서 전했던 "Stay hungry, stay foolish(굶주림에 머물고, 어리석음에 머물라)."라는 말은 오늘도 우리에게 시사하는 바가 크다. 나에게 있어서 그의 이야기는 "현재에 만족

하지 말고 혁신을 향하여 굶주린 마음으로 살아가고, 이미 모든 것을 알고 있다는 자만하는 마음이 아니라 나는 아무것도 모른다는 탐구하는 자세로 살아가라."라는 외침으로 들린다. 오늘을 살아가는 우리의 태도는 아주 중요하다. 안전한 곳에 머무르려는 타성에서 벗어나 혁신의 세계로 나가려는 태도가 우리를 성공으로 이끌어 간다. 우리 아이들에게 이런 태도를 가르쳐야 한다.

매일 '꿈꾸고 기대'하며 살도록 가르치자

꿈에는 큰 힘이 있다. 우리는 때때로 간절히 소원하고 바라는 것이 어느 날 꿈같이 이루어지는 것을 보게 된다. 성공을 원하는 사람은 간절한 꿈을 가지고 살아야 한다. 그 마음속에 간절한 꿈을 가지는 순간 사람은 열정이 생기고 그 꿈을 이루기 위해서 노력하고 움직이게 되기 때문이다. 사업의 성공을 원하는 사람은 자신이 소원하는 사업의 성공을 꿈꾸며 그 사업이 성공한 모습을 상상하며 꿈꾸는 것이 중요하다. 그럴 때 자신도 모르게 마음에 자신감이 생기고 더 열심히 그 일을 추진할 수 있는 추진력이 생긴다. 매일 아침에 일어나면서 그것이 이루어진 것을 꿈꾸며 자기 전에 그것이 이루어질 것을 꿈꾼다. 이와 같이 매일 좋은 일이 일어날 것을 기대하고 살아갈 때 어느 날 그 꿈꾸던 일이 이루어지게 되는 것이다.

『내 안에 잠든 거인을 깨우라』는 책으로 한국에도 알려진, 미국의 유명한 자기계발 강연자인 '앤서니 라빈스'는 과거에 빌딩 청소부로 일한 적이 있었다고 한다. 어느 날 그는 청소를 하다가 빌딩 위로 자가용 헬리콥터가 지나가는 것을 보았다. 그는 그것을 보는 순간 마음속에 "나도 저렇게 자가용 헬리콥터를 타고 강연을 하고 다니면 좋겠다."라는 생각을 갖게 되었다. 그는 그 순간 꿈을 품었다. 자신도 그런 사람이 되도록 노력하겠다고 결단했다. 그는 꿈을 가지고 매일 많은 자기계발에 관한 책을 읽기 시작했다. 그리고 그는 읽은 책을 중심으로 강의를 하는 강사가 되었다. 어느 날 그는 꿈을 이루어 유명한 강연자가 되어 헬리콥터를 타고 자신이 청소부로 일했던 그 건물 위를 지나가게 되었다. 그는 건물을 내려다보며 깊은 감동에 사로잡혔다. 꿈을 꾸고 그 꿈을 향해서 달려갔더니 결국 그 꿈이 이루어지게 된 것이다.

세상에는 성공하는 사람들이 있다. 그들의 성공에는 공통적인 특징이 있다. 그들은 다른 사람과 다른 태도를 가지고 있었다. 긍정적인 태도, 혁신을 향한 도전, 꿈을 품고 그 꿈을 이루기 위해서 도전하는 삶이 그들을 성공으로 이끈 것을 볼 수 있다. 우리도 자녀들에게 이런 태도를 가지고 살도록 가르쳐야 한다. 자녀들이 이런 태도를 가지고 살아갈 때 좋은 날들이 다가올 것이다.

코치의 한마디

자녀가 긍정적인 태도를 가지고 살도록 양육하자.

자녀에게 일에 대하여
가르치자

우리의 삶에서 '일'은 빼 놓을 수 없는 중요한 요소이다. 매일 직장에 출근을 하면서도 마지못해서 직장을 출근하는 사람이 있는가 하면 즐겁게 직장 생활을 하는 사람도 있다. 그 차이는 무엇일까? 칼 필레머 교수는『내가 알고 있는 걸 당신도 알게 된다면』에서 일에서 행복을 찾을 수 있는 요소에 대하여 이야기하고 있다. 우리는 자녀들에게 일에 대하여 무엇을 가르쳐 주어야 할까?

즐길 수 있는 일을 하게 하라

사람들은 인생의 대부분을 일터에서 보낸다. 그렇기 때문에 어떤 일을 하고 사는가 하는 것은 너무나 중요한 것이다. 단순히 돈만을 벌기 위해서 직업을 선택한 사람은 인생의 노년기에 내가 뭘 하고 살았나 생각해 볼 때 후회가 많은 삶이 된다. 요즘같이 취직하기가 어려운 때에 이런 말은 사치스러운 말처럼 들릴 수도 있겠지만, 그럼에도 불구하고 내가 하려고 하는 일을 즐길 수 없고 마지못해서 하는 일이라면 그 직업에 대하여 다시 한번 생각해 볼 필요가 있다는 것이다.

자신이 매일 즐겁게 출근할 수 있는 직장을 찾겠다는 목표를 세우는 것이 중요하다. 자신이 무엇을 좋아하는지 잘 모르겠다면 일단은 자신이 배워 보고 싶은 분야에서 성공한 사람의 아래에서 몇 년을 일해 볼 것을 권한다. 가능한 많은 것을 배우겠다는 생각으로 배우다 보면 나에게 맞는 일인지 아닌지를 알게 된다. 1년이나 2년을 일을 해 보았는데 즐거움이 없다고 하면 다른 일을 알아보는 것이 좋다. 일을 하면서 가장 중요한 것은 내가 누군지를 발견하는 것이다. 내게는 어떤 능력이 있으며 내가 무엇을 좋아하는지를 발견하는 것이 중요하다. 사람들은 각자가 잘하는 것이 있고 좋아하는 것이 있다. 그것을 발견하여 그런 일을 하게 되면 좋은 성과를 내고 자신도 즐겁게 일을 할 수가 있다.

어떤 유명한 그룹회사를 다녔던 분의 이야기를 들은 적이 있다. 이분은 대기업에서 일을 했으나 그가 하는 일이 재미가 없었다고 한다. 어느 날 그는 자신이 음식을 만드는 것에 흥미가 있다는 것을 알게 되었다. 그 래서 그분은 다니던 대기업을 그만두었다고 한다. 그는 요리 학원을 다니며 음식조리사 자격증을 취득하였고, 식당을 열었다. 큰 식당은 아니지만 자신의 만드는 음식을 먹으러 오는 사람들을 위해서 음식을 만들고 식당을 운영하는 것이 너무나 즐겁고 행복하다고 한다. 사람들은 "왜 그렇게 좋은 직장을 그만두고 식당을 운영하는가?" 하고 의문을 가질 수 있다. 그러나 대기업을 다니는 것보다 식당에서 음식을 만들고 그 음식이 맛있다고 인정해 주는 이야기를 듣고 사는 것이 그를 더 즐겁고 행복하게 하기 때문이다.

즐길 수 없는 일을 하고 있다면
그 일에서 내가 배울 것이 무엇인지 찾아보라

모든 사람들이 당장 즐거운 일을 시작할 수는 없을 것이다. 내가 지금 하는 일이 즐거운 일이 아니라고 해서 그 일을 지금 당장 그만둘 수도 없는 상황이라면 어떻게 해야 할까? 지금 하고 있는 일에서 가치를 찾으라는 것이다. 지금 당장 즐거움을 주는 일은 아니지만, 이 일을 통하여 내가 배울 것은 무엇인가를 생각해 보라는 것이다. 직장 생활에서 우리는 수많은 것을 배울 수 있다. 일을 하면서 늘 배울 기회를 찾고 지식을 쌓아 가다 보면 언젠가 그 지식을 사용할 날이 오는 것이다.

미국의 애플 컴퓨터의 창시자 스티브 잡스는 부모의 후원으로 사립대학교인 라이스 대학에 진학하면서 자신이 그 대학을 끝까지 다녀야 할 이유를 찾지 못했다. 사립대학교의 등록금은 너무나 비싸서 부모가 일평생 번 돈을 자신의 등록금으로 쓴다는 것에 대하여 그는 큰 죄의식을 가졌다. 그래서 그는 학교에 자퇴서를 제출했다. 그리고 그는 대학교 학과목을 듣는 대신에 학교에서 개설하고 있는 손으로 포스터의 글씨를 쓰는 것을 배우는 '캘리그래피' 과목을 청강했다. 그는 학교의 교정에 포스터에 멋진 손 글씨체로 쓰인 아름다운 글씨체를 좋아했기 때문이다. 그는 나중에 그가 맥킨토시 컴퓨터를 만들 때 그 컴퓨터의 글씨체를 제작하면서 자신이 배웠던 '캘리그래피'가 큰 도움이 되었다고 했다. 지금 당장 즐길 수 있는 것이 없다고 해도 그 가운데에도 나에게 도움이 되고 배울 수 있는 것이 무엇이 있을지 찾고 배우려는 태도가 중요하다.

인간관계를 중요하게 여기도록 가르쳐라

직장 생활에서 중요한 것은 인간관계이다. 사람들은 입사해서 시간이 지나고 나면 가장 중요한 것은 학교 다닐 때 성적이 얼마나 좋은가, 얼마나 좋은 경력을 가지고 있는가 하는 것이 아니라 그 사람이 그 회사에서 어떻게 인간관계를 맺고 있는가 하는 것이다. 좋은 인간관계를 가지려면 직장 상사, 동료, 부하 직원들에게 공감해 주고 타인의 말에 경청을 해 주고 갈등이 다가왔을 때 그 갈등을 잘 해결하는 능력이 필요하다.

좋은 인간관계를 가지고 살기 위해서는 겸손한 태도를 가지고 살아가야 한다. 겸손이란 다른 사람들의 의견을 존중해 주는 것이다. 특히 나 자신보다 낮은 지위에 있는 사람들을 존중해 주어야 한다. 부하 직원들은 똑똑한 리더보다는 배우려는 자세를 가진 리더와 일하기를 좋아한다. 때때로 좋은 아이디어를 가진 부하 직원이 어떤 아이디어를 내놓았을 때 자신의 경험상 그것이 좋아 보이지 않다고 해서 부하 직원의 아이디어를 함부로 아무것도 아닌 것으로 취급해서는 안 된다. 물론 경험은 자신보다 못할 수도 있겠지만, 젊은 사람들은 창조적인 아이디어들을 많이 가지고 있기 때문에 그들이 가진 이야기에 귀를 기울이는 것이 중요하다. 선배가 후배에게 배우려는 태도로 귀를 기울이면 후배의 입장에서는 선배의 태도에 호감이 가고, 그와 좋은 관계를 가지고 싶은 생각이 드는 것이다. 다른 사람들의 아이디어에 마음을 열고 귀를 기울이려는 태도가 중요하다.

미국의 포드 자동차의 생산 기술자로 일했던 '윌리암 넛슨'의 이야기는 유명한 일화이다. 어느 날 '윌리암 넛슨'은 새로운 모델의 자동차를 개발하여 포드 회장에게 보여 주었다. 포드 회장은 그 새로운 모델을 싫어했다고 한다. 결국 그는 해고되었고 경쟁사인 제너럴 모터스로 옮기게 되었다. '윌리암 넛슨'은 제너럴 모터스에 가서 사람들의 관심을 끄는 세련된 자동차 모델을 많이 내어 놓게 되었다. 그 이후에 제너럴 모터스의 매출은 많이 올라가게 되었다. 포드 회장은 다른 부하 직원의 이야기에 귀를 기울일 준비가 되어 있지 않았다. 나의 생각만을 고수하다가 변화를 가져와야 할 시점에 변화를 가져오지 않아서 더욱 발전할 수 있는 기회를 잃어버린 것이다.

우리는 우리 시대에 수많은 기업들이 일어났다가 사라지는 것을 본다. 스마트 폰이 나오기 전에는 구형 휴대폰인 노키아 휴대폰이 최고였다. 그러나 이제 노키아 폰을 쓰는 사람은 거의 없다. 대부분의 사람들이 지금은 스마트 폰을 쓰고 있기 때문이다. 삼성전자는 시장이 구형 휴대전화에서 스마트 폰으로 변화되고 있는 것을 파악하고 재빨리 스마트 폰 시장으로 뛰어들었다. 그 결과 애플과 함께 세계의 휴대폰 시장을 이끌고 있다. 우리 자녀들이 사람들의 이야기에 귀를 기울이고 세상의 변화에 대하여 민감해야 한다. 모든 사람이 내게는 교사라는 생각을 가지고 겸손하게 사람들에게 귀를 기울여야 한다. 그런 인간관계를 가지고 살아가는 사람이 자신도 행복해지고 이웃도 행복하게 만들어 준다.

코치의 한마디

자녀가 즐거워하는 일을 하고 살 수 있도록 안내해 주자.

자녀에게 대화의
방법을 가르치자

　자녀들이 학교를 졸업하고 사회 생활을 시작하면서 사람들과 어떻게 대화를 하고, 어떻게 관계를 맺어 갈 것인가를 가르치는 일은 중요한 일 중의 하나이다. 사회생활에 있어서 도움이 되는 대화의 방법은 무엇일까? 류쉬안은 『심리학이 이렇게 쓸모 있을 줄이야』라는 책에서 사회생활에 있어서 사람들에게 도움을 주는 태도에 대하여 언급하면서 긍정적인 말을 하고, 소통에 몰입하며, 상대에게 진실하고, 상대와 연결고리를 찾고, 상대에게 공감하라고 말한다. 그는 그 단어의 첫 글자를 따서 'PEACE'라고 이야기하고 있다. 자녀들에게 성공적인 삶을 살 수 있는 대화의 태도를 가르치려면 어떻게 해야 할까?

상대와 대화할 때 긍정적인(Positive) 말을 하라

사람들과 대화할 때 불평의 말이나 부정적인 말보다 긍정적인 말을 하는 것이 좋다. 소극적이고 부정적인 말을 삼가고 적극적이고 긍정적인 단어를 사용하는 것이 좋다. 긍정적인 말을 하는 사람들에게는 사람들을 끌어들이는 에너지가 있다.

상대와 소통에 몰입(Engaging)하라

상대와 대화를 할 때는 상대의 눈을 바라보며 상대방에게 집중하라는 것이다. 대화할 때 상대가 존중받고 있다고 느끼게 하는 것이 중요하다. 대화를 나누기 전에 전화기를 무음으로 바꾼다든지, 상대가 이야기할 때 상대방을 향해서 몸을 살짝 앞으로 기울이면 내가 상대의 이야기에 경청하고 있다는 메시지를 상대방에게 보내는 것이다. 내성적인 사람들은 상대방의 눈을 마주 보는 것이 부담이 될 수 있다. 그럴 때는 어떻게 해야 할까? 스피치 강사들은 "대화 상대의 눈이 아니라 코를 보라."라고 조언한다. 눈을 마주 보지 못하는 사람은 상대의 코만 보아도 대화 상대는 자신의 얼굴을 바라보고 있는 상대에게 호감을 갖게 된다는 것이다.

상대에게 진실(Authentic)하라

사람은 진실한 사람을 좋아한다. 진실성을 보이기 위해서는 말, 말투와 어조, 표정과 몸짓 언어가 같이 조화를 이루어야 한다. 자신의 모습을 꾸미려 하지 않고 모든 사람을 동등하게 존중하는 태도를 가질 때 사람들은 진실하다고 느낀다.

상대와 연결(Connection) 고리를 찾으라

사람들을 만날 때 상대방과 나는 어떤 연결 고리가 있는가를 찾아보아야 한다. 서로가 자라 온 배경이나 취미 등 비슷한 것이 많을수록 사람들은 서로를 가깝게 느끼게 되기 때문이다. 그래서 사람들은 처음 만나면 어느 학교를 나왔는지, 어떤 음식을 좋아하는지, 감명 깊게 본 영화가 있는지, 어떤 음악을 좋아하고, 좋아하는 스포츠는 무엇인지 등을 물어보아서 서로의 비슷한 것을 찾으려고 하는 것이다.

상대의 말에 공감(Empathy)하라

상대가 어떤 이야기를 했을 때 그 이야기에 대하여 평가하려고 하지 말고, 상대의 감정을 직시하여 자신의 경험을 토대로 상대의 입장을 이해하려고 하는 공감하는 자세가 필요하다. 상대방에게 먼저 공감을 한 후에야 충고, 설득, 반대 의견 등을 제시하는 것이 효과적이다.

우리는 자녀들이 사회생활을 하면서 다른 사람과 좋은 관계를 유지하기 위해서 어려서부터 좋은 대화의 자세를 가지도록 가르치는 것이 중요하다. 자녀들에게 바른 태도를 가지고 다른 사람과 대화하는 것을 가르칠 때 자녀들이 성인이 되어서도 다른 사람들과 잘 어울릴 수 있게 되는 것이다.

코치의 한마디

자녀에게 대화법을 가르쳐 주자.

자녀에게
희망을 가르치자

살아가다 보면 우리는 수많은 문제를 만난다. 뉴스를 보면 인생의 절 망을 만나서 극단적인 선택을 하는 연예인들의 이야기, 가정사의 고통으 로 희망을 버린 사람들의 이야기도 들린다. 그러나 우리는 자녀들에게 어떤 문제를 만나더라도 '희망의 끈'을 놓지 말아야 한다고 가르쳐야 한 다. 자녀들은 세상을 살아가면서 때로 절망하고, 희망의 끈을 놓고 싶은 때를 만날 수도 있을 것이다. 그러나 어떤 순간에도 우리는 자녀들에게 희망을 품고 살아야 한다고 가르쳐야 한다.

'빅터 프랭클'의 이야기는 우리가 희망을 품고 살아가는 것이 얼마나 중요한가를 알려준다. 그는 오스트리아에서 태어난 유태인으로 2차 세계대전 때 독일군이 만든 '아우슈비츠' 수용소에 끌려가게 되었다. 당시에 '아우슈비츠' 수용소에 끌려간다는 것은 곧 죽음을 의미했다. 그러나 빅터 프랭클은 무슨 일이 일어나더라도 그는 자기 자신의 삶의 목적을 잃어버리지 않고 희망을 잃어버리지 않겠다고 다짐했다.

그는 인간의 존엄성을 잃지 않기 위해서 늘 애썼다. 당시에 '아우슈비츠'에 갇힌 유태인들은 견디기 힘든 중노동을 했다. 제대로 먹지 못할 뿐만 아니라 씻을 물은 아예 없고, 마실 물조차 얻기 어려운 생활을 했다. 빅터 프랭클은 하루에 한 컵씩 주는 물을 반 컵은 마시고 나머지 반 컵은 세수를 위해서 아껴 두었다고 한다. 마실 물도 없는데 무슨 세수를 하겠다는 말인가? 그는 유리 조각을 구해서 면도까지 하면서 늘 깨끗하게 자기의 용모를 가꾸었다. 왜 그랬을까? 거기에는 이유가 있었다.

당시 독일군들이 유태인을 가스실로 보내서 죽일 때 제일 먼저 병든 사람을 보냈기 때문이다. 혈색이 안 좋고 병들고 약한 사람들을 먼저 가스실로 보냈기 때문에 그는 필사적으로 자신의 외모를 가꿨다고 한다. 건강한 모습을 보이기 위해서 자신의 손가락에 피를 내서 자기의 얼굴에 바르기도 했다고 한다. 볼을 발그레하게 해서 건강하게 보이도록 한 것이다. 다른 누가 봐도 "저 사람 건강한 사람이구나." 하는 생각을 갖도록 자신의 용모를 가꾸었다고 한다.

그는 그의 자서전에서 말하기를, 포로수용소에서는 연말연시가 되면 많은 사람들이 죽었다고 했다. 왜 유독 연말연시에 많은 사람들이 죽었을까? 절망이 그들을 죽음으로 몰아간 것이다. 사람들은 연말이 되기 전에는 전쟁이 끝날 것이고 자신들은 자유를 찾을 것이라는 기대를 가지고 있었는데, 연말이 다가오고 새해가 되어도 전쟁은 끝나지 않았고 그들은 여전히 포로로 잡혀 있는 것을 보면서 절망했다는 것이다. 사람은 희망을 버리고 절망 속에서 살아가면 신체의 면역력이 극도로 나빠지고 쉽게 병든다.

빅터 프랭클은 어떤 어려움 속에서도 "나는 살아남을 거야. 나에게 놀라운 일이 있을 거야. 나는 이 땅에 태어난 존재 목적이 있어. 나에겐 소망이 있어."라고 생각하며 희망을 버리지 않았다고 한다. 결국 전쟁은 끝나게 되었고, 그는 죽음의 수용소에서 살아나오게 되었다. 전쟁이 끝난 후에 그는 죽음의 수용소에서 배운 희망의 중요성을 일생 동안 사람들에게 가르치고 살았다.

오늘 우리도 자녀들에게 희망을 품고 살아가야 한다고 가르쳐야 한다. 어떤 어려움이 다가와도 포기하지 말자. 어려움의 소나기가 다가올 때 그 소나기를 피하면 곧 밝은 태양이 구름 사이에서 얼굴을 내민다는 사실을 자녀들에게 가르쳐 주어야 한다.

코치의 한마디

자녀가 어떤 절망을 만나도 희망을 잃지 않도록
양육하자.

자녀에게 장애물을 이기는 인내를 가르치자

세상에서 놀라운 일을 이룬 사람들의 공통점이 있다고 하면 그것은 그들이 마음속에 목표와 함께 희미한 꿈이 아니라 분명한 꿈을 품고, 어떤 장애물이 다가와도 그 장애물을 극복하고 꿈을 이루었다는 사실이다. 우리는 자녀들에게 어려서부터 꿈을 품고 그 꿈을 이루기 위해서 장애물을 만나더라도 장애물을 이기는 인내를 가르쳐야 한다.

다가오는 장애물을 극복하라

꿈을 가진 사람에게는 그 꿈을 방해하는 여러 가지 장애물이 다가온다. 그러나 어떤 장애물이 다가오더라도 꿈을 가지고 장애물을 극복하며 한 걸음씩 걸어가다 보면 어느 날 그 꿈은 이루어지는 날이 온다. 나는 고등학생 시절에 아버지의 사업이 망해서 대학을 진학할 수 없게 되었다. 나의 인생에서 처음 만나는 가장 큰 장애물이었다. 나는 고등학교를 졸업하면서 바로 직장 생활을 시작했다. 그 당시에 내가 대학을 간다는 것은 말 그대로 꿈같은 일이었다. 경제적으로 어려운 환경은 내게 큰 장애물이 되어 내 어깨를 짓누르며 내 꿈을 갉아먹고 있었다. 그러나 나는 꿈을 버리지 않았다. 그리고 직장 생활과 함께 대학을 진학할 수 있는 길에 도전했다. 꿈을 가지고 대학을 졸업을 하고 그 이후에 대학원의 진학에 도전하여 대학원을 졸업했고 그 이후에 미국에 가서 일과 함께 공부를 할 수 있는 길이 열렸을 때 박사과정에서 공부하는 것에 도전했다. 결국 학위과정을 마치고 박사학위를 받을 수 있었다. 꿈을 가진 사람에게는 장애물이 다가오지만 꿈을 버리지 않고 도전하는 사람에게는 길이 열린다는 것을 깨달았다. 우리는 자녀들에게 꿈을 품고 장애물을 극복하며 살라고 가르쳐야 한다.

장애물이 다가와도 포기하지 말고 인내하라

브라질 리우 올림픽 양궁에서 금메달을 딴 장혜진 선수의 이야기는 우리가 시련을 만나더라도 꿈을 포기하지 말고 인내해야 할 것을 알게 해 준다. 당시에 장혜진 선수를 모델로 한 신문 광고에는 이렇게 기록되어 있었다. "꿈을 이기는 시련은 없다. 키는 작았다. 시작은 늦었다. 그저 그런 선수에 지나지 않았다. 국가대표 선발대에도 떨어졌다. '실력도 안 되는데 포기할까?' 하지만 꿈이 있었다. 4년을 기다리며 활시위를 당겼다. 그 꿈은 현실이 되었다."

장혜진 선수는 2012년도에 런던올림픽에서 선수로 출전하려고 했는데, 4위를 했다. 그래서 양궁 대회에 출전하지 못하고 좌절의 시간을 지내야 했다. 그 후 4년이 지나 올림픽이 열릴 때 자신이 다른 선수들을 제치고 올림픽에 출전할 수 있을까 하는 생각과 함께 포기하고 싶은 생각이 들었다고 한다. 그러나 장혜진 선수는 꿈을 포기하지 않았다고 한다. '한번 최선을 다해 보자.' 그런 생각으로 도전했다고 한다. 국가대표 3명을 뽑는 가운데 3등으로 올림픽에 출전할 수 있었다. 그런데 놀라운 일이 일어난 것이다. 브라질 리우 올림픽에서 금메달을 따게 된 것이다. 사람의 인생이란 모르는 일이다. 우리는 꿈을 포기하지 않고 살아가야 한다. 자녀들에게 장애물을 만나도 포기하지 말고 인내하라고 가르쳐야 한다.

독서로 꿈에 날개를 달아라

미국의 방송인 오프라 윈프리는 영향력이 있는 사람이다. 오프라 윈프리가 그의 TV 프로그램에서 책을 소개하면 그 책은 베스트셀러가 된다. 어떤 물건을 소개하면 그 물건은 없어서 못 팔 만큼 수많은 사람들이 구매를 한다. 오프라 윈프리는 어떻게 그와 같이 강한 영향력이 있는 사람이 되었을까? 오프라 윈프리는 어린 시절 불행한 시간을 보냈다. 그녀는 9살 때 친척 오빠로부터 강간을 당하고 그 이후 친척들로부터 수많은 학대를 당하였고 또 미혼모로 청소년기를 보냈다. 그러나 그녀는 미국인들이 가장 좋아하는 TV 방송인으로 선정되었으며, 경제 잡지 '포브스'에 재산 10억 달러 이상을 가진 부자로 이름을 올리기도 했다.

그녀는 불우한 환경과 열악한 조건에도 불구하고 꿈을 이루기 위하여 끊임없는 독서를 해 왔다고 한다. 그 독서가 오늘의 오프라 윈프리를 만들었다고 한다. 꿈을 가지고 목표를 세우고 그 목표를 이루기까지 열심히 독서를 하는 것이 중요하다. 독서는 다른 사람의 경험을 간접적으로 경험하게 해 주는 놀라운 도구이다. 세상에 이미 수많은 사람들이 독서를 통하여 놀라운 도움을 받았다. 꿈이 있는가? 그 꿈의 언덕에 다가갈 수 있도록 독서가 도와줄 것이다. 자녀들에게 어려서부터 독서를 하는 습관을 갖도록 가르치자.

코치의 한마디
....

자녀가 어떤 어려움이 있어도 인내할 수 있도록
양육하자.

"결혼식장 문을 열고 나가 보니 절벽이더라."라는 말을 했던 어떤 부부의 이야기가 생각난다. 서로의 차이를 알지 못하고 결혼 생활을 시작하는 부부관계의 위험성을 이야기해 주는 말이다. 자동차 운전을 하려면 자동차 운전에 따른 이론과 실기를 공부하고 운전면허를 따야 한다. 제대로 운전을 하기 위해서 별도로 시내 연수를 하기도 한다. 초보 운전자는 좌우를 살피면서 떨리는 마음으로 운전대를 잡고 운전을 시작한다. 이와 같이 결혼을 하는 사람도 운전 면허를 따려는 사람이 운전 면허를 위하여 이론 공부를 하고, 실기 공부를 하는 것처럼, 결혼 대상자의 기질은 어떻고, 어떤 장점과 단점을 가지고 있으며, 행복한 결혼 생활을 위해서 어떤 준비를 하고 결혼을 해야 하는가를 미리 알고 결혼한다면 결혼 생활이 훨씬 수월해질 수 있을 것이다.

결혼하기 전에는 미처 예상치 못한 수많은 걸림돌이 결혼 후에 나타난다. 배우자가 가지고 있는 나쁜 습관에서 시작해서 배우자가 어린시절부터 가지고 있던 거절감, 분노, 열등감, 두려움과 같은 상한 마음들을 만날 때 놀라게 된다.

우리는 결혼하기 전에 결혼 상대가 어떤 사람인지 충분히 파악한 후에 결혼을 결정해야 한다. 내가 결혼을 하려는 사람이 나와 어떤 부분이 맞고 어떤 부분이 잘 맞지 않는지 여부를 결혼 전에 자세히 살펴보아야 한다. 부부는 서로가 상처를 치유하는 의사이기도 하고, 서로가 치유해야 할 환자이기도 하다. 이 책을 읽으며 부부가 대화를 통하여 서로가 경청하고 이해하며 서로의 상처를 품어 주고 치유해 주는 부부가 되어 행복한 결혼 생활을 이루어 가고, 자녀들에게 멘토가 되어 자녀들을 잘 양육하여 보람찬 인생을 살아가시기를 바란다.